破解

“窝火”的人力资源

——看经营组织之“道”

罗元福◎著

海洋出版社

2011年·北京

图书在版编目（CIP）数据

破解"窝火"的人力资源：看经营组织之"道"/罗元福著．—北京：海洋出版社，2011.6

ISBN 978-7-5027-8034-0

Ⅰ．①破…　Ⅱ．①罗…　Ⅲ．①企业管理-组织管理学　Ⅳ．①F272.9

中国版本图书馆 CIP 数据核字（2011）第 100566 号

破解"窝火"的人力资源——看经营组织之"道"

策划编辑：魏京华
责任编辑：魏京华
责任印制：刘志恒

海洋出版社出版发行
http://www.oceanpress.com.cn
（100081　北京市海淀区大慧寺路 8 号）
北京盛兰兄弟印刷装订有限公司印刷　　新华书店发行所经销
2011 年 6 月第 1 版　2011 年 6 月北京第 1 次印刷
开　本：787mm×1092mm　1/16　印张：9.5
字　数：120 千字
定　价：38.00 元
发行部：010-62147016　邮购部：010-68038093
总编室：010-62114335

序

春节前，本人研读了国家“十二五”规划，不由得问了自己一问题：我的“十二五”规划又是什么呢？基于此想总结一下自己十余年的管理工作经验。

工作十余年，历经财务、营销、人力资源、集团管控实战，积累了大量管理实战经验。目前正在回顾并总结在企业商业模式（战略）与组织落实之间，如何建立一个持续、健康、稳健、安全的组织保障来支撑、落实商业模式，如何搭建起商业模式和组织落实之间的桥梁和平衡。对此，很多老板（总裁）、人力资源老总没怎么想，或没弄明白，业务老总更是感到力不从心或事不关己。每触及此问题，大家都不解其答，或困惑、或尴尬。

我想说，如果公司不关注这个问题，注定是走不了多远。

如果公司拥有伟大前瞻性的愿景和商业模式，而并没有取得预期的效果，肯定是组织落实出了问题，或者是商业模式和组织落实在与时俱进的过程中没有做到很好的联动和匹配，如此反过来还会怀疑商业模式的正确性和老板自己的能力。

如何取得好的经营业绩，请所有的管理者（包括老板）转变观念吧：经营企业的实质不是经营业务，而是经营组织。

如何经营组织，经营组织的方向和方法在哪里呢？请老板、业务老总、人力资源工作者一起来学习探讨吧！或许本书介绍的经营组织之道，能够使您茅塞顿开，助您破解“窝火”的人力资源，使组织更好地匹配商业模式，从而实现优秀的经营业绩。

罗元福

2011年春节于北京

CONTENTS 目 录

引言

“窝火”的人力资源

老板“窝火”

王总：我辛辛苦苦积累的资源不错，可是没用上或没用好。谈项目及商业模式三分钟就有感觉能不能做，资源和商业模式都不错，怎么就是执行不好，不但赚不到钱，反而在管理的过程中还不断地去擦“屁股”，甚至老有被“强奸”的感觉，到最后白忙活了几年，却不能给政府、股东、员工、客户交一份完美的答卷，不思其解啊，真窝火！

赵总：我建立一个组织、平台，本是想通过大家的共同努力，生活得更体面，可是总感觉只有自己一个人在使劲，好像在为员工打工。感觉公司90%的生产力是自己创造的，员工都是我在养，给他们股权、大红包又不值。这不是我的本意啊，真窝火！

徐总：职场浮躁，活猪也哼哼，死猪也哼哼，用谁，用什么样的人，很累心，不放心。用能力强、有抱负的人，又怕实际经营权落到他们手里自己却还被蒙在鼓里；但那些能力弱，貌似忠心耿耿的人又做不了事，会耽误公司的发展，很纠结。思来想去，只好用有感情、忠实的人，可这样又吓跑了一批有能力、有抱负的追梦人。自己感慨：如何经营组织，如何经营人才还真是一门学问！

业务老总“窝火”

张总：我很有本事，既给我压高目标的业绩指标，又不给我人权和财权，连业务决策权也不给，有力使不出来啊，谁听我的啊，就是武林高手也不行啊，最后弄得与老板相互抱怨分手的局面，真窝火！

石总：对于组织建设，对于自己手下人的选、用、育、留方面，自己也很有经验啊，凭什么还要听人力资源部的意见？凭什么关键人才的选、用、育、留还要看老板的脸色和划圈呢？不理解！

人力资源老总“窝火”

黄总：老板是对的，业务老总是对的，员工也是对的（各自从自己的角度），人力资源处于包围中，如何平衡？处理不好会伤害组织各方，最后矛盾可能归集于自己一身。

于总：诸多问题汇集后，就会思考：人力资源工作到底怎么定位？人力资源工作到底怎么做？对于组织和人才建设，我们到底做到什么样的深度和宽度？做少了招来不满，伸手过长做多了，招来抵触，最后落得老板认为“人力资源部不食人间烟火”，员工抱怨“人事部，不是人”的下场，窝火啊！

员工“窝火”

小李：看不到公司的发展方向和动力，此一时彼一时，在这里打工没有安全感。

小赵：我的付出和回报不匹配，自己的职业前途一片混沌……

小陈：我的工作业绩不比他差啊，凭什么他晋职晋级，受重用奖赏。工作努力的回报还不如人际政治回报呢。不公平啊，很窝火！

顾问（或咨询）“窝火”

咨询公司王经理：我们是火眼金睛，做的方案很客观、很专业啊，杀伤力也很强啊，哪怕是老板想利用我们第三方“借刀杀人”，可是怎么砍也砍不下去啊!

咨询公司刘经理：公司员工抱怨我们花拳绣腿，不了解公司情况，方案长篇大论很好看，可执行不下去，落不了地，怪谁呢？还拿不到钱，窝火！哎，做咨询也难啊，对前途也怀疑。

大家共同“窝火”

老板觉得组织发展跟不上自己的步伐，陷于泥潭，就开始找执行力不够的原因：组织动力不足到底是思想出了问题，还是动作出现了问题？于是就想改革、培训，结果效果甚微。怎么办？搁下来，继续找原因……可一直没找到。业务老总、人力老总、员工、顾问各自从自己的角度相互抱怨，累了，烦了，大家只有都不吭声，否则招来“人祸”啊。枪打出头鸟，木秀于林风必摧之，有能力的就被搞掉或不屑一顾地飞了；无能力或有其他企图的，只能采取所谓的“高调做事，低调做人”的策略在那里窝着、混着……这样，政治窝里斗，官僚风气出现了，最终导致如同朗讯公司那样逐渐日落西山……

如何解决以上的窝火点呢？

必须有一个组织、角色去作为推手，去研究、助推企业组织建设，它很重要，可以说是组织建设的枢纽。没有它，商业模式的落实、执行力的提升、效益的产出只能是白搭。这个推手就是人力资源部。

那么人力资源部的职能到底是什么呢？到底能产出什么样的价值呢？请看本书第1章。

Chapter 第1章 01

人力资源在企业系统中的位置及价值定位

位置决定责任，责任决定行动。如果不清楚人力资源在企业系统中的重要位置，“卡位”错了，那么它作为组织建设的重要推手，怎能做出好的成绩呢？

即便清楚了人力资源在企业系统中的位置，也对其给予了高度重视，但如果不能赋予其正确的使命和价值定位，那么即使“站位”再好，也无济于事。

因此，人力资源在企业系统中的位置及价值定位是组织建设的出发点，需要管理者认真思考并高度重视。

人力资源在企业系统中的位置

为了搞清楚人力资源在企业系统中的位置，让我们先从原点思考企业的本质。企业的本质有很多种说法，有的人说是为了赚钱，一切以盈利为目的；有的人说赚钱的同时需要承担社会责任；还有的人说……这些说法都没有从原点去思考，也不系统。

笔者认为，企业作为一个商业组织，首先要根据国家的政策，选择合适的项目进行投资，接下来就是对投资项目的组织管理并输出社会责任和利润（因为国家给你政策，社会责任的承担是理所应当），最后再对盈余的资本进行机遇管理再投资。详见企业本质图解（图1）。

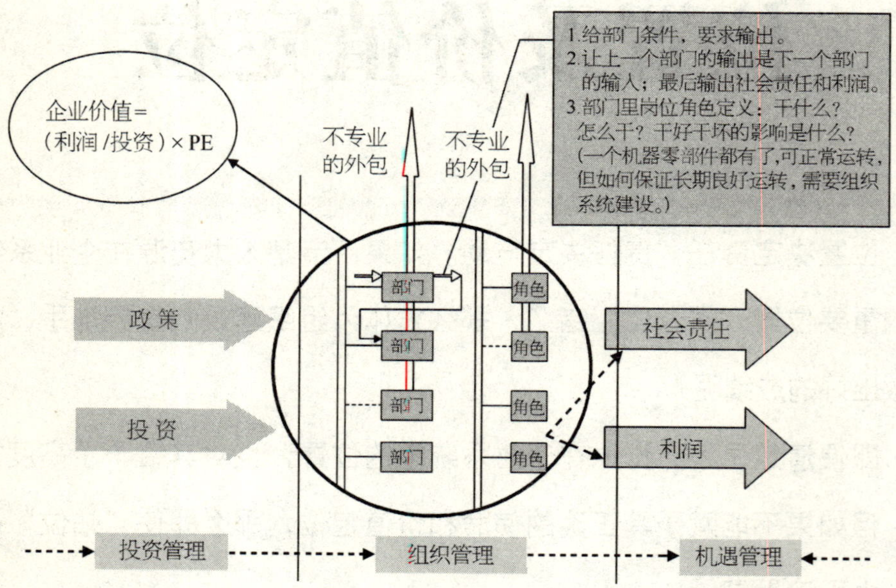

图1

从图1可看出，企业的本质最重要的环节是中间球体的“组织管理”。我们把企业的组织管理环节，比作一个球体，如何给这个球体设置基本架构、部门和岗位角色，并赋予相应的条件使其高速轻身地运转呢？如何让它变成一个轻身飞速的皮球而不是一个笨重实心怎么也飞不起来的铅球呢？这就涉及企业的组织建设问题。这些工作理应由研究组织建设的人力资源工作去实现。

从企业的本质看，人力资源作为组织建设的推手，在组织管理的诸环节所处的位置和作用至关重要。

如何让中间这个球体，变成一个轻身飞速的皮球呢？笔者认为，根据企业的本质图，必须建立三大系统，详见图2。

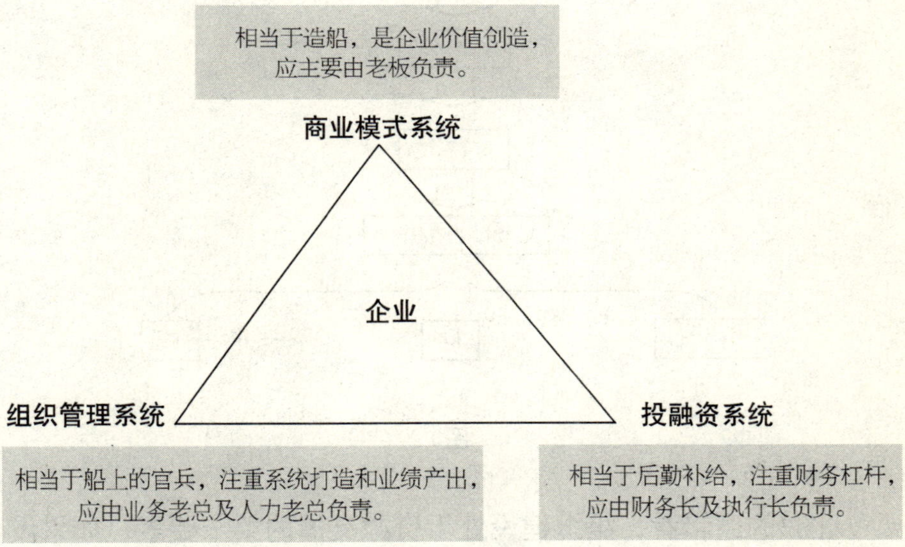

图2

从以上企业管理三大系统也可看出，要做好组织管理系统，人力资源的位置和作用是何等重要。

另外，从战略到执行的逻辑也可看出人力资源在组织建设中的位置，详见图3。

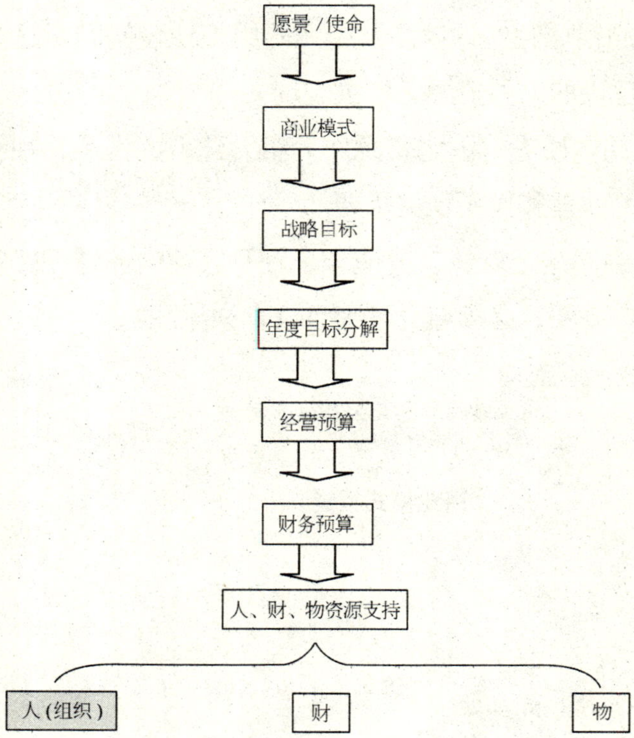

图3

从图3的逻辑看，组织建设处于资源支撑的第一要素，如果没有它，商业模式和愿景就会轰然倒下。

从以上企业的本质和管理的本质看，人力资源所承担的组织建设任务，在商业组织中的位置是相当重要的，如果不重视对组织系统的经营，一切都是胡扯。

人力资源在企业系统中的价值定位

当人力资源在承担组织建设的重要位置被充分认识后，人力资源工作的价值就水落石出了。现代企业人力资源对组织建设的贡献有以下三种职能定位。

1）初级的人力资源职能

还是传统的劳资部门，主要职责是办手续，存档案，按时按件计算工资。

2）暧昧的人力资源职能

职能定位不清楚，老板叫干啥就干啥，对组织建设没有起到任何推动和建设作用，和业务部门打来打去，周旋于事务、矛盾之中，纠缠于人际政治斗争中，成事不足，败事有余，这也许不是其本意。

3）“正点”的人力资源职能

作为组织建设的重要推手，精准地匹配组织和选、用、育、留人才，与时俱进地与公司的愿景、使命和商业模式进行联动，并相互促进。

国家“十二五”规划时期，是中国经济深度改革和转型期，这就要求企业的商业模式必须得到优化和转变。瞬息万变的商业竞争和行业资源整合，要求企业的组织系统和组织能力要更快、更急迫、更精准地匹配商业模式的变化。这对人力资源的工作提出了更高的要求，因此，我们需要人力资源的第三种定位，这是国家发展的需要，市场竞争的需要。

因此，依个人理解并呼吁，人力资源的功能定位应该为如下五项价值职能。

（1）组织建设的研究、设计及推动者。

（2）与老板、公司高管是战略合作伙伴关系，在组织建设、人才

的选、用、育、留方面成为专家和顾问。

（3）组织变革的推动者。

（4）制度、流程等方法论的专家。

（5）企业文化的梳理、传播和塑造者。

以往教科书上说的人力资源的六大模块，只是术的层面，如果只是机械地运用它们，则在复杂的企业系统变换中根本找不到北，不做组织建设还好，一做就是添乱，甚至会产生负面效应。

老板、业务老总、人力资源工作者们，请好好想想以上的定位和价值吧，也许您就能登高远眺……

读书笔记

Chapter 第2章 02

如何实施人力资源职能并提升组织能力

清楚了人力资源的价值定位和职能，如何实施其职能以提升组织能力呢？首先需要找到支撑商业模式及战略的组织能力基因（DNA），然后建立聚焦于组织能力基因的三大系统（跑道系统、动力系统、能力系统）。只有如此，人力资源才能对组织建设产生真正的价值和贡献。

既然已经清楚了组织的重要推手——人力资源职能所处的不可替代的位置和重要的价值，那么，如何体现其价值并发挥其威力呢？很多执行长（总裁）和人力资源老总，在建立或优化组织系统时，不知从何下手，面对庞大系统的组织，完全凭自己的喜好和感觉找一个突破口，结果是弄得硝烟四起，陷入恶性循环，最后不了了之。

如何解决呢?

在这里，我们首先来分析毛泽东在井冈山成功建立革命组织的特点。

1）理想

首先，一个组织要有愿景和使命，中国人讲要有理想。井冈山组织的理想：无产阶级革命，推翻三座大山，穷人要翻身。有了这个被广泛认同的理想和使命，官兵们抛头颅、洒热血也在所不辞。因此，作为一个企业组织的领导要解决企业生存的意义和方向以及员工们为什么要工作的问题，否则动力从哪里来呢?

2）系统

要实现理想，需要建立组织系统，毛泽东把党支部建立在连上，仅这一动作，意义就无比深远，它可以营造共同的价值观，同时又解决了“有叛将，但无叛军”的问题。这就是建系统的威力。

3）机制

对官兵的奖励政策：打土豪，分田地。有了利益分配机制，解决了“一体感，而不是疏离感”。可见，一个组织的“上下同欲”动力机制是多么的重要。

4）纪律规范

用生命捍卫“三大纪律，八项注意”，对于违反纪律的官兵一视同仁，有了是非标准，保障了纪律的严明，规避了人性的弱点。

5）文化

成立士兵委员会，实行“以人为本，尊重人”的民主管理。在国民党军队中被打的士兵纷纷逃离并加入共产党的部队。文化凝聚了人心，提升了士兵的战斗力。

再举例：2010年世界杯足球赛，最后的八强赛我场场都看，从1/4决赛开始，我就关注西班牙队，并预测它是冠军（呵呵，和章鱼一样准）。当然我是有预测依据的：一是，西班牙队的组织结构和站位最为科学，而且球员在运动中的站位有很强的互动和柔性；二是，靠球员脚下精湛的技术在整体作战；三是，前锋、中锋、后卫三个层面的球员在整体推进，形若流水，很优美，很严密，尤其是中锋起到了承前启后的关键作用。

或者，我做个形象的比喻：把企业的组织（或叫团队，更易于理解）当作百米赛跑的运动员，如何才能让运动员跑得好，跑得快，而且取得最好的成绩呢?

第一，客观上应该给他提供一个良好的、有秩序的跑道，否则他在像迷宫一样的跑道里，怎么跑呢？第二，虽然他知道该怎么跑，但是跑起来动力不足，是不是激励不够呢？第三，他知道该怎么跑，也有动力，但还是跑不动，原因就是他本人的素质和能力了，这时是不是应该检测其素质和能力，进而进行培训开发或其他配置呢?

一个组织也一样，组织里的每个单元或每个岗位，要想取得好的绩效，也应该从这三个方面去进行系统思考。要想提升组织的能力，应该建立类似于运动员取得好成绩的三大系统。**一是，跑道系统（组织架构系统）；二是动力系统；三是能力检测系统**。详见图4。

根据企业的愿望（理想）确定战略，根据战略的需求确定组织能力，找到组织能力的基因后，需要建立三大系统服务支撑组织能力的

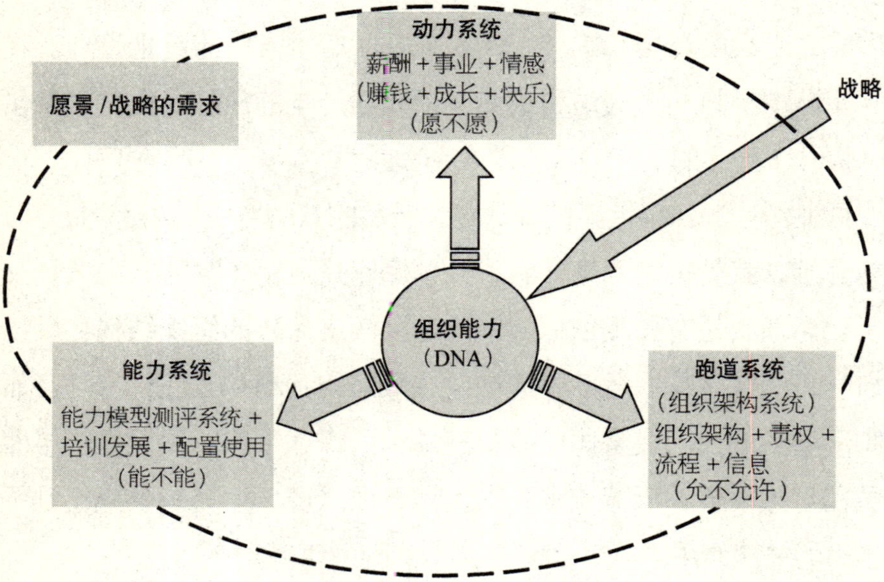

图4

建设，而且这三大系统必须平衡、聚焦于组织能力。

如图4所示，建立三大系统的前提是找到图中间“○”的组织能力基因。否则三大系统的建立便是无水之源、无本之木。这一点，对于三大系统的建立至关重要。如何找到组织所需的组织能力并与商业模式（包括战略）联动呢？

首先我们要弄清何谓组织能力？**组织能力即企业竞争力的DNA，是推动企业组织建设的基本元素**。组织能力的五个特点如下。

(1) 可持续地为利益相关者（客户、员工、股东、社会）创造价值。

(2) 能超越标杆竞争对手。

(3) 由客户等利益相关者来判断和检验。

(4) 根植于整体组织而非部门和个人。

(5) 专注2~4个核心元素。

举例：表1列出了部分公司的战略及组织能力，通过分析我们来审视一下自己公司的核心组织能力是什么呢？这就需要我们去研究自己公司的商业模式和组织基因。

表1

公 司	战 略	组织能力
三星	通过数字化整合快速增长	创新、速度、全球化
3M	通过多元化经营驱动增长	创新、精细化
戴尔	与主要客户建立密切联系	速度、定制、零库存
丰田	质量领先	质量、低成本、卓越
西南航空	短途、高频率的旅客	低成本、速度、快乐
花旗	为全球客户提供解决方案	以客户为中心
沃尔玛	客户价值	低成本、服务
华彬国际	提供高端商务平台	邀请式会员制、顶级商务服务

找到了组织能力之后，我们还要知道，它不是一成不变的，随着经营环境和商业模式的变化，组织能力要与其联动匹配。比如，IBM公司的战略，由早期的专注生产硬件转变为专注IT解决方案，其组织能力就由以前的技术领先组织能力转变为客户导向+创新。

根据以上深入的探讨，我们找到了本公司的核心组织能力。那么，三大系统如何对组织能力进行建设和提升呢？这就需要对三大系统进行有规律的精耕细作了。请看本书第3章、第4章、第5章。此三章讲述的方式是：首先提出各大系统中的“窝火”点，然后从“方向”和“方法”两个层面去破解。“方向”是战略思维层面，解决的是如何做正确的事；“方法”是战术操作层面，解决的是如何把事情做正确。以此种方式讲述，思路清晰，简明扼要。

读书笔记

Chapter 03

第3章

跑道系统（组织架构系统）

如果弄不明白跑道系统，组织建设的其他工作都是瞎扯。犹如前面所说的跑道不清楚，架构里岗位上的员工只能在迷宫里郁闷，能力再强的员工也发挥不出来。那么，如何去建设跑道系统呢？

通过上文可知，组织架构系统的建设要重点从组织架构、责权、流程、信息四个方面考虑，这是给予员工的管理资源和支持，没有这些支持，员工就不能干好工作，这是企业组织要解决的首要问题。

组织架构

窝火点

业务老总：组织架构的核心问题是管理的层级和管理的跨度。想增加管理的层级，这样自己可以获得高职级的工资，管理的人员更多，"江山"更大，权威性貌似更高。

老板：总想削减管理层级，加大管理跨度，实行扁平化管理，以减少内耗，减少信息衰减，节约人力成本，让层级上的每个岗位最大负荷工作。

人力老总：想根据业务情况、现有组织能力和业务老总的管理能力综合考虑管理层级和管理跨度。

三方考虑角度不同，在讨论和审批组织架构时容易形成三足鼎立的局面，导致最终没有标准的组织架构，以致组织建设后面的工作全部处于模糊状态。

方向

随着计算机技术、互联网的发展与管理的创新和全球化，组织的扁平化管理是必然趋势（当然除了极个别的刚性行业外）。确定组织的管理层级和管理跨度时要考虑战略的需要和核心组织能力的要求，并根据商业模式及经营目标来设置架构和编制。对于部门和产业板块之间的管理壁垒，应更多地采取将不同部门的关键岗位抽调到一起，形成虚拟组织的方式，以解决更多的事务并形成决策。请见图5的分析，以增加对管理层级和管理跨度的深刻认识。

如图5所示，中国的行政管理如果分5级的话，每个层级的管理跨度是20人，5级下来共管多少人呢？我们可以算算（这是个惊人的数字）。另外，如果国务院发出的指令信息量是1，每个层级接收到的信息量是0.9的话，通过5个层级的传递，到村长层级时，接收到的真实信息量是多少呢？我们也可以算算。

因此，管理的层级和管理的跨度设计在组织架构中至关重要，否则层级增加、管理跨度大，信息会衰减、失真，导致决策失误。所以国务院为了收集正确的信息，偶尔绕过省长“微服私访”也是必要的。

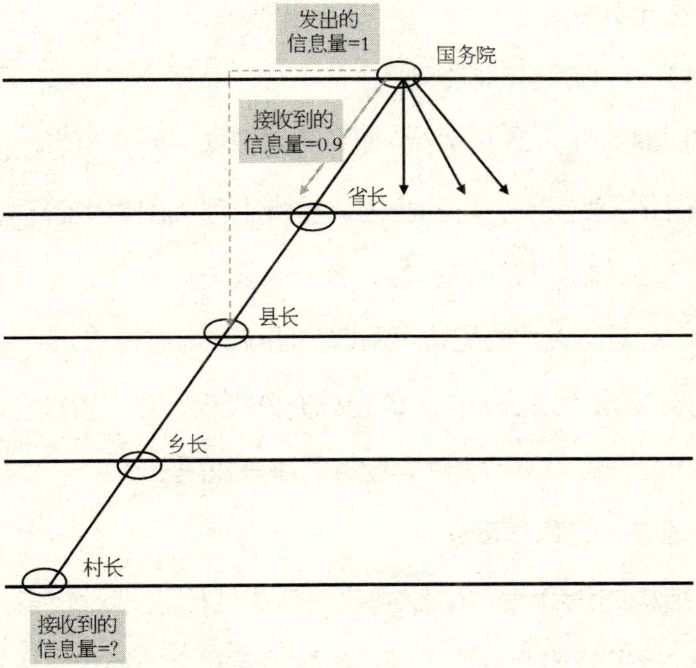

图5

方法

商业模式决定组织架构，组织架构决定执行结果，因此，组织架构架起了从战略到执行的桥梁，我们要对此高度重视。组织架构设计的种类和优缺点在此不再谈论，教科书上多如牛毛，在此只谈产业单一小公司、产业单一集团公司、产业多元化集团公司组织架构设计需要考虑的重点和方法。

1）产业单一的小公司

组织架构很简单，核心部门只有六个：人事、财务、研发、生产、供应、销售。不管什么行业的公司组织架构，都能和这六个职能对应上。在此不多谈。

2）产业单一的集团化公司

总部职能对分公司（或子公司）的管理，一般分为两种模式。

(1) 集团总部在人、财、营销、投资上都采取集中管理，由集团总部对这几方面制定统一的标准，各分公司遵照执行，尤其是在人力资源方面，对关键人才的配置可采取集团统一供应模式。

(2) 对分公司（或子公司）的老总充分授权，重点管理它的财务目标和重大新型投资，将人、财、业务的决策权限下放。

3）产业多元化的集团公司

组织结构的设计相对比较复杂，考虑的因素相对较多。因为集团企业是以母子公司为主体，通过产权关系和生产经营协作等多种方式，由多个法人企业组成的经济联合体。集团企业包含集团核心母公司、控股子公司、参股关联企业和协作企业四个类别。集团对于各产业板块的组织管控，主要考虑各产业板块业务成熟度和管理成熟度。是先充分地给地方（分公司或子公司）授权让其发展起来，之后慢慢收权；还是先由集团细管，然后慢慢放权，这需要重点考虑股东、董事会的意志和对产业板块老总的认同程度。

多元化的集团公司，基本上都是先在一个产业发展成熟有了盈利的基础上，再寻求其他投资机会发展起来的，因此集团总部的设置和功能定位需要被予以更多思考（因为，毕竟先有“儿子”，后有“爹”嘛）。对于多元化集团的组织建设，应该首先搞清楚集团总部对各产业板块的管控模式。这个问题搞不清楚，集团及分公司（或子公司）的组织架构就无法敲定。所以，**建议在做集团总部和各产业板块的组织架构时，一定要先考虑集团总部对分公司（或子公司）的管控模式**，根据集团对各产业板块集权和分权的程度，来确定是实行财务管控型、战略管控型，还是直管型。这个问题搞清楚了，集团总部对各产业板块的人、财及业务的管控点才清楚，总部及分公司（或子公司）的组织架构才相对明晰。

另外，集团企业总部职能机构设置也是考虑的重点。可以按以下三种方式去思考。

1）依附型职能机构

即集团控股公司和下面的成员公司，在职能部门的设计上可采取“两块牌子，一套管理人员”的管理体制。此种方式的好处是精兵简政，提高了工作效率；缺点是因岗位兼职，工作量大，可能偏袒所兼职的本企业。

2）独立型职能机构

在各成员企业之上，建立一套独立、专门的集团控股公司职能机构，负责集团的管理工作，协调指导各成员企业。缺点是很难在短期内形成一个统一指挥、强有力的集团管理系统（因为先有"儿子"，后有"爹"的原因）。

3）成立智囊机构

成立经营决策委员会、战略研究委员会等机构，负责集团重大经营决策的研究。

4）临时性机构

由集团或成员企业抽调部分核心人员形成一个临时机构，完成重大任务后，解散，各自回本单位，相当于矩阵式模式。

举例：北京一多元化产业集团，有教育产业、房地产投资开发、矿业投资等产业板块，教育产业相对比较成熟，房地产产业正处于规范和大力发展时期，矿业产业属于投资型。作为集团总部，对下属三大产业板块如何实施管控并进行组织架构设计呢？详见图6。

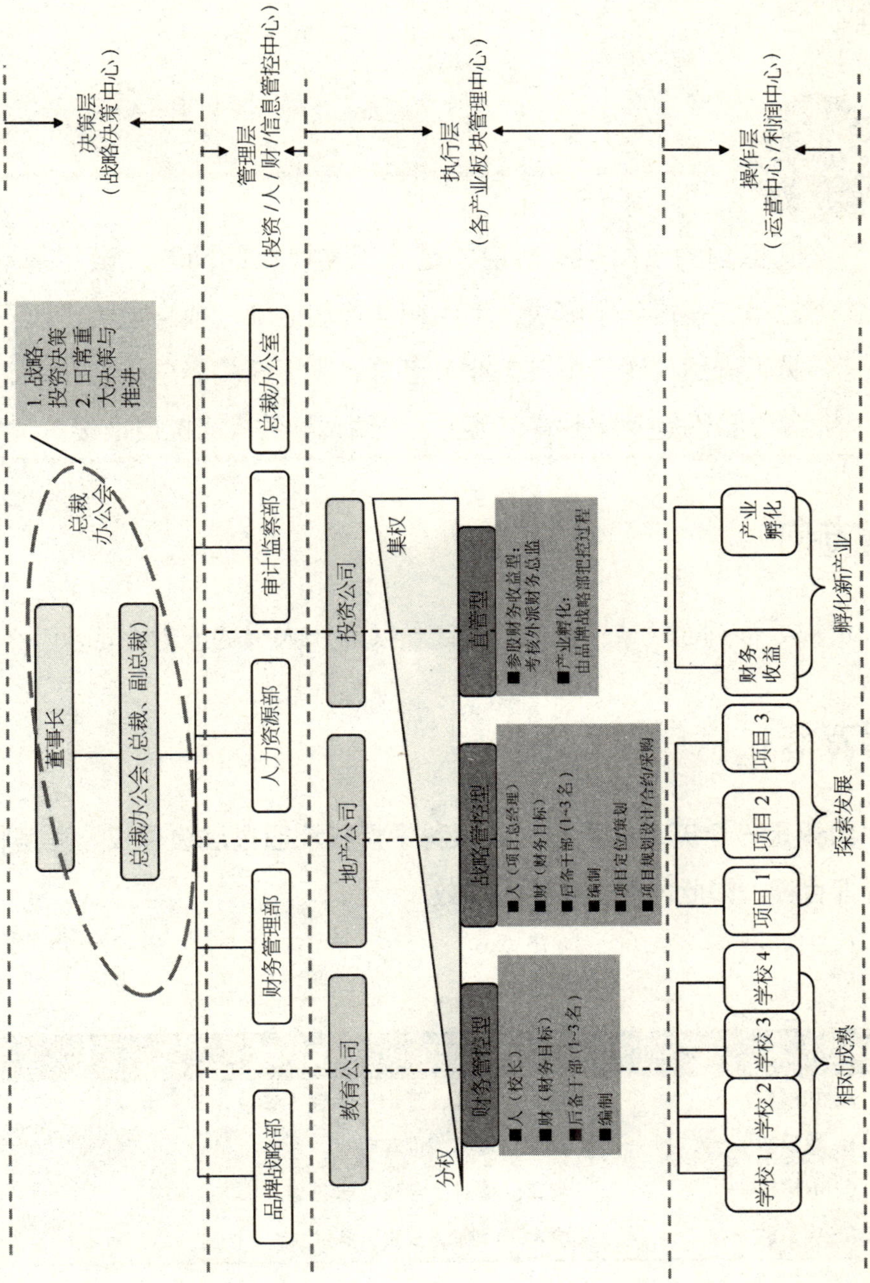
决策层
（战略决策中心）
管理层
（投资/人/财/信息管控中心）
执行层
（各产业板块管理中心）
操作层
（运营中心/利润中心）
1. 战略、投资决策
2. 日常重大决策与推进
总裁办公会
董事长
总裁办公会（总裁、副总裁）
品牌战略部
财务管理部
人力资源部
审计监察部
总裁办公室
教育公司
地产公司
投资公司
分权
集权
财务管控型
■人（校长）
■财（财务目标）
■后备干部（1~3名）
■编制
战略管控型
■人（项目总经理）
■财（财务目标）
■后备干部（1~3名）
■编制
■项目定位/策划
■项目规划设计/合约/采购
直管型
■参股财务收益型：考核外派财务总监
■产业孵化：由品牌战略部把控过程
学校 1
学校 2
学校 3
学校 4
相对成熟
项目 1
项目 2
项目 3
探索发展
财务收益
产业孵化
孵化新产业

图 6

责权

窝火点

上文提到的组织架构解决的是分工和协作的问题，虽然基本的管理效率问题得到了解决，但组织架构里的部门或岗位的责权不清楚，员工仍然在迷宫里转。业务老总、职能部门老总抱怨在人、财、业务方面还是授权不清，无法干事情，导致大家扯皮推诿。

方向

责权要根据部门或岗位的职能定位及履职人员的能力而定。

方法

组织是一个庞大的系统，必须科学授权，通过层级授权、层层传递管理目标，如此才能发挥组织功效。

权限一般分为四种，详见表2。

表2

权 限	行使方式
A. 知情权	备案、通报、查询、参会（参政议政）等
B. 建议权	提议、提案、推荐等
C. 审核权	审查、核对、审议、会签等
D. 决策权	决定、批准、裁决、否决等

依据以上权限划分，根据管控模式和组织架构图，可设定每个层级的权限，以图6为例，各层级的责权可用如下方法设定，见表3。

表 3

业务类别	管理事项	权限行使			
		操作层（项目公司或学校）	执行层（教育公司/地产公司）	管理层（集团部门）	决策层（董事长及总裁班子）
投资类	1. 战略品牌管理	B	C	C、D	D
	2. 年度经营计划制订与管理	A、B	A、B、C	C	C、D
	3. 投资管理	A、B	C	C、D	D
	4.				
财务类	1. 财务预算（计划外）				
	2. 资金管理（计划外）				
	3. 金融保险（计划外）				
	4. 核算报表				
人事类	1. 组织机构、编制	A、B	A、B、C	C	C、D
	2. 总监级以上人员的人事审批	A	B	C	D
	3. 薪酬总额控制	B	C	C、D	D
	4. 总监级以上人员的考核审批	B	C	C	D
资产类	1. 增加固定资产投资				
	2. 大修				
	3. 报废/调拨/转让				
	4.				
信息类	1.				
	2.				
	3.				
	4.				

流程

责权和流程为一体，根据部门或岗位的业务点，把相关联的部门或岗位，根据横向“动作”、纵向“部门或岗位”，用流程图的方式画出来即可，这样，业务动作的输入和输出就比较清楚，部门或岗位之间的合作就不会出现误会了，在此不再谈论。

读书笔记

信息

窝火点

“我都不知道今年的发展方向、具体经营目标。”

“我这个部门的工作开展需要相关部门提供信息、数据，但是他们总也不配合，巧妇难为无米之炊啊，郁闷！”

方向

仅仅清楚了架构、责权、流程，组织运营还是不可能通畅，因为前三者只是规范了运作规则，要达到业务流程通畅，还需要流程上的每个岗位相互有充分的信息进行共享，只有如此，才能整体作战，才能输出正确的价值判断。**一个组织，越是信息透明、开放、共享，越是能开创知识创新的局面。**这也是组织里每个岗位正确履职的重要前提。

方法

计算机信息化建设是必然之路，传统的看板管理也更直观。只有这样，才能做到“做员工所想，记员工所做”的信息化管理。

案例

（一）组织架构：某水处理设备公司的组织问题

请思考：如果您是吴总的话，该采用哪些办法使您既能轻松管理，又能使企业顺利向前发展呢？

某水处理设备股份有限公司于1998年成立，公司以研究水处理设备，生产、销售、安装、服务为主营业务。公司由现任董事长吴总创立，当时吴总的一位大学同学李明及另一位高中同学赵忠也投入了总计不到20%的股份。吴总曾任大型国企的销售副总，因为看好水处理前景，产生了创办公司的想法。李明是水处理相关技术的应用高手，自己申请过研究专利。赵忠毕业后进入乡镇企业做销售，也积累了一些资金及销售经验。

公司在三位创始人的努力下发展顺利，到2003年，在国内同行业中排名前五位，员工总数已经到了500人，年利润8000万元。但没有想到的是，公司越来越好，吴总却越来越苦恼了。其一，吴总整天事务缠身，劳累不堪，想放权又不敢，怕出问题，只好自己都管着，哪怕买把扫帚也要自己签字。其二，很多事情，必须吴总亲自出面协调才能解决。

面对身体和精神的双重压力，吴总甚至有了将公司卖掉的想法。可是，当时国内水处理市场前景广阔，产品供不应求，卖掉公司实在令他心有不甘。吴总虽然清楚问题不是出在业务上，而是出在组织管理上，但是又一时束手无策。

案例笔记

（二）流程：某公司的协同和流程问题

请思考：如何达成以客户为中心的协同和流程化呢？

2008年国庆假期结束后，负责销售的王总计划测算一下第四季度的销售情况。拿到大家上报来的测算数据之后，王总发现有些客户同时有好几个销售代表跟进。此外，两个销售代表（吴军和李海）预测的巨大反差引起了王总的注意，吴军预计只有1单可以成交，而李海则预计有13单。王总迅速与他们沟通，发现这两人都没有记录与客户联系沟通情况的习惯，而且吴军性格悲观，李海性格太过乐观。经过仔细讨论，王总认为吴军可以签订3份合同，李海可以签订6份合同，并给出了跟进建议。

很快，吴军谈下来一个客户，合同规定12月7日安装设备。吴军马上找到工程技术部的罗经理，请他协调工程师。到了12月10日，客户生气地打电话找到吴军，问为什么还没有人前来安装。吴军核实后，才知道工程师携带了错误的设备去安装，路上才发现，只能紧急从异地库存调设备过来，又不敢跟上级汇报。吴军赶紧做客户工作，与工程师一起于12月12日完成了设备的安装。次年2月，吴军被竞争对手挖走了，带走了他联系的客户，给公司留下了未整理的客户资料。李海才签了2份合同，被公司辞退了。

半年后，该客户给公司售后服务部打电话，说产品出了点问题，希望能派人检查一下。售后服务人员在服务客户档案中竟然找不到该客户的信息，既不清楚该产品是什么时候购买的，也不知道购买的什么产品。售后服务人员只好再给客户打电话，确认购买的产品信息。有点无奈的客户亲自给王总发了一条短信：做贵公司的客户，真累。

案例笔记

（三）信息：某公司员工管理信息化问题

请思考：如果您是吴总，您怎么样才能知道事情的真相呢？

公司处于快速扩张期，吴总事务非常繁忙，经常在各地飞来飞去，在公司坐镇的时间非常少，员工们都笑称他为“空中飞人”。每次在公司，他也主要是听听几个副总汇报一下当前的工作。由于市场竞争越来越激烈，吴总就安排市场部经理小王对主要的五家竞争对手进行全面的调研。

一个礼拜后，吴总询问小王工作进展。虽然工作还没有什么进展，但小王拍着胸脯说，三天之内保证提交调研结果。小王为了兑现自己的承诺，只得催促部门员工加班工作。面对不可能完成的任务，市场部小金一气之下提交了辞职信。于是小王顺水推舟，给还在外地出差的吴总打了一个电话说：“由于人手不够，还请把工作宽限几天，等您一回来，我马上把调研报告提交给您，并做一个详细讲解。”吴总十五天之后回来，终于看到了他满意的调研报告。

案例笔记

（四）跑道系统（组织架构系统）：某企业集团组织管理制度（节选）

请思考：

1. 集团实行的是几级管理体制？
2. 集团的组织管控模式是什么？
3. 集团采取什么样的组织架构？
4. 集团本部、区域管理机构、子公司的责权体系是什么？
5. 集团如何采取流程管控、信息共享达到决策、可控的目的？

集团背景介绍：集团成立于2003年，是一家经营家庭装修、装饰、设计的企业集团，业务覆盖北京区域、华北区域、华东区域，全国共50家子公司，员工总人数达到5000多人，年营业额达70亿元，计划在未来3年上市。但由于目前正处在业务发展的高速阶段，集团组织管理紊乱，导致执行力低下，信息衰减。为了实现战略目标，强化集团总部功能，董事会决定对集团的组织管理进行调整和梳理，并委托人力资源部制定组织管理制度，以下是制度的具体内容。

第一章　总　则

第一条　本制度的目的，是构建并描述集团的组织管控模式，包括明确集团的组织模式、组织结构；明确集团与各子公司的控制协调关系；明确集团在营销管理、人力行政管理、财务监控体系、采购体系等方面的管理职能；以使集团各部门及各子公司所有的组织单元明确其组织职能和在组织内的上下级对接关系，保证经营活动按照集团总体的要求运行。

第二章　集团公司组织机构设置

第二条　集团的组织模式如图所示。（略）

第三章 集团整体组织架构

第一节 集团总部核心职能

在集团董事会的领导下，根据行业的不同时期，制定不同的发展战略，并在发展战略的指导下，制定经营策略。同时将年度经营目标分解，制定各子公司经营指标。并以资本、人事、组织为纽带，通过系统控制、协调、激励和约束机制管理所属子公司，以促进各子公司经营业绩指标的达成。

第二节 集团总部管理机构职权

第三条 集团公司的经营管理机构为董事会领导下的总裁负责制。设总裁1名、副总裁2名。

第四条 集团公司总裁

（一）集团公司的日常经营管理活动由董事会授权给集团公司总裁负责。总裁由董事会聘任，决定其报酬、考核。总裁对董事会负责，总裁必须按照国家相关法律、公司《章程》、董事会经营管理方针、董事会决议、董事会授权等代表董事会对集团公司进行经营管理。

（二）总裁主要职权：

1．战略管理和经营目标管理

➢ 制定集团的发展战略规划；

➢ 根据董事会批准的发展战略，制定相关的管理策略，搭建管理体系；

➢ 制定集团公司年度工作目标和计划，并按照批准的计划实施；

➢ 审批下属子公司年度经营管理计划和目标，并在每季、月对经营管理计划和目标的达成进行监督和考核。

2. 制度建设

➢ 组织公司各项管理制度的制定，核心管控流程的梳理；

➢ 签发各项经营、管理制度和关键业务流程。

3. 企业文化

➢ 负责提炼、塑造集团的企业文化和经营管理理念。

4. 组织结构和关键核心人员管理

➢ 制定集团整体组织结构、管控模式；

➢ 依据经营业务活动，提炼核心业务单元，制定子公司组织结构设置方案；

➢ 制定子公司核心标准岗位，并对核心岗位编制进行管理和控制；

➢ 对集团总部部门总经理、各子公司总经理、子公司各部门经理的任免、报酬、奖惩具有决定权。

• 对集团及子公司除集团部门总经理、子公司总经理、子公司部门经理外的其他员工，具有最终备案检查权；

• 对集团所有总监级以上员工的开除处理具有最终的决定权。

5. 资金调度和投资决策

➢ 通过财务管理中心行使对下属子公司的资金调度权、投资决策权和审计监督权；

➢ 对集团的预、决算方案，利润分配方案有审核权。

6. 组织协调

➢ 确定集团总部与下属子公司权责关系，并指导协调各子公司与集团总部及各子公司间的关系；

➢ 主持集团经营分析会及集团总部部门会议；

➢ 其他重要会议。

第五条 集团副总裁

（一）副总裁由董事会聘任或解聘。副总裁执行总裁委托和分管的事项，协助总裁开展公司的经营、管理活动。

（二）副总裁主要职权：

1. 分管业务发展战略管理和经营目标管理

➢ 协助总裁制定集团的发展战略规划；

➢ 根据董事会批准的发展战略，协助总裁制定相关的管理策略，搭建管理体系；

➢ 制定华北区域年度工作目标和计划，并按照批准的计划实施；

➢ 审批华北区域下属子公司年度经营管理计划和目标，并在每季、月对经营管理计划和目标的达成进行监督和考核；

➢ 对华北区下属子公司的管理和资金运作进行监督和检查。

2. 制度建设

➢ 华北区域各项管理制度的制定；

➢ 签署华北区域总裁授权范围内经营、管理制度和关键业务流程。

3. 企业文化

➢ 根据集团的企业文化和经营管理理念，在所辖区域内宣导企业文化。

4. 组织结构和人员管理

➢ 审核华北区域下属子公司组织结构设置；

➢ 审核下属子公司岗位设置及人员编制；

➢ 对华北区域下属子公司总经理、下属子公司各部门经理的任免、报酬、奖惩具有建议权；

➢ 对集团及子公司除集团部门总经理、子公司总经理、子公司部门经理外的其他员工的任免、报酬、奖惩，具有决定权。

5. 财务管理

➢ 监督区域预、决算的执行；

➢ 资金使用的监控。

6. 组织协调

➢ 参加集团经营分析会和其他重要会议；

➢ 主持华北区域经营分析会。

第三节　集团总部各部门管理人员职权

第六条　集团总部管理人员

（一）集团总部各部门管理人员的任免、调转、报酬、奖惩由总裁决定。

（二）集团总部各部门管理人员对部门内的管理职权：

各部门管理人员在总裁的直接领导下，承担部门日常管理，其职权如下：

1. 工作计划

➢ 以集团公司的经营管理目标和年度计划为基础，拟定本部门的工作目标、工作计划，经批准后执行，同时对实施过程进行监督、辅导和考核；

➢ 审批部门员工的工作计划，并进行监督、辅导和考核。

2. 组织机构和人员管理

➢ 拟定部门的职位设置和人员编制，报人力资源部审核，总裁审批；

➢ 负责对部门员工的任免、调职、报酬提出建议；

➢ 辅导、培养下属。

3. 财务管理

➢ 拟定部门的财务预算；

➢ 对批准范围内的财务预算有使用权，并对授权范围的资金或费用有决定权。

4. 制度建设

➢ 拟定部门的管理制度，审核签署本部门业务活动涉及业务流程、规章制度；

➢ 对授权范围内的业务流程有签署权。

5. 组织协调

➢ 参加经营分析会；

➢ 主持部门员工例会；

➢ 定期对部门工作目标、计划完成状况和业务工作状况向分管领导汇报。

6. 企业文化

➢ 执行集团的企业文化和经营管理理念，强化企业文化的建设。

7. 部门建设

➢ 部门公共关系管理；

➢ 信息共享平台的搭建；

➢ 部门档案、相关信息资料的管理。

（三）集团总部各部门管理人员对下属管理机构及各子公司的管理职权详见《第五节 集团公司各职能部门职责》。

第四节 集团公司派驻管理机构责权

在集团总部的领导下，负责华北区域日常经营管理。制定华北区经营管理指标，并对集团批准下达的经营管理指标进行全面的实施。贯彻落实集团公司的基本制度和发展战略。规范区域各项工作流程，提升工作成果和效率。搭建区域人力资源体系，进行人员的合理配置和有效的人员激励和管理。现阶段集团派驻的管理机构为华北管理中心，华北管理中心包含以下部门：营销管理部、财务管理部、人力资源部。

第七条　华北区域总经理

（一）华北区域总经理由集团总部副总裁兼职。

（二）华北区域总经理职权：

1. 区域战略管理和经营目标管理

➢ 依据集团整体发展战略，结合区域特点，制定区域具体的经营策略和经营目标；

➢ 在集团总部的指导下，搭建区域管理体系；

➢ 制定华北区域年度工作目标和计划，并按照批准的计划实施；

➢ 审批华北区域下属子公司年度经营管理计划和目标，并在每季、月对经营管理计划和目标的达成进行监督和考核；

➢ 对华北区下属子公司的管理和资金运作进行监督和检查。

2. 制度建设

➢ 华北区域各项管理制度的制定；

➢ 签署华北区域总裁授权范围内经营、管理制度和关键业务流程。

3. 企业文化

➢ 宣导集团的企业文化和经营管理理念。

4. 组织结构和人员管理

➢ 审核华北区域下属子公司组织结构设置；

➢ 审核下属子公司岗位设置及人员编制；

➢ 对华北区域下属子公司总经理、下属子公司各部门经理的任免、报酬、奖惩具有建议权；

➢ 对区域内子公司除总经理、部门经理外的其他员工的任免、报酬、奖惩，具有决定权。

5. 财务管理

➢ 监督区域预、决算的执行；

➢ 资金使用的监控。

6. 组织协调

➢ 参加集团经营分析会和其他重要会议；

➢ 主持华北区域经营分析会。

第八条　华北管理中心营销管理部职能

（一）核心职能：协助华北区域总经理制定区域年、季、月各项经营指标及经营计划，审核、汇总、上报各子公司经营计划，并督导、支持各总经理完成当期营业指标，同时对区域完成情况进行考核和管理。整合区域市场资源，确定区域有效的市场集客营销方式，审核市场活动，控制市场费用。进行有效的大客户市场的开发、维护和客户资源的分配。销售、售后专项工作的指导和推进。

（二）权限关系：接受集团总部营销管理部总经理的领导，参与配合集团总部营销管理部进行重大营销目标和计划的制定。和区域各子公司总经理配合进行各项营销工作的开展，并对各子公司营销工作负有监督指导的责任。

第九条　华北管理中心财务管理部职能

（一）核心职能：贯彻和推进集团各项财务制度和管理规范，拟定区域各项补充管理规定。进行区域预决算管理和资金管理，做好区域的税务统筹规划、合理避税。负责区域的投资分析工作。对区域日常各项财务工作进行监督和管理。负责区域的投资分析工作。

（二）权限关系：接受集团总部财务管理中心总监的领导，参与财务各项制度、规范、体系的建立。对下属子公司财务工作具有管理权限。对下属子公司财务人员的任免、报酬、奖惩具有建议权。

第十条　华北管理中心人力资源部职能

（一）核心职能：参与总部各项人力行政政策、制度、体系的搭建，推行集团下达的各项人力行政政策、制度、体系。全面负责区域人力、行政工作，对区域人力工作进行监督、考核、指导。协助总部进行专项工作的实施和推进。

（二）权限关系：接受集团总部人力资源总监的领导、参与各项政策、制度、体系的搭建。对下属子公司人力工作具有管理权限。对下属子公司人力资源人员的任免、报酬、奖惩具有建议权。

第五节　集团公司各职能部门职责

第十一条　集团公司营销管理部

（一）营销管理部总经理的直接上级为集团总裁，对华北管理中心营销管理部、华东区域具有间接的业务管理支持职能，北京区域具有直接的管理职能。

（二）营销管理部职权

1. 行业市场分析、信息收集

➢ 建立行业、市场信息收集机制、信息收集渠道，并定期收集相关信息；

➢ 定期提交行业、市场分析报告，供决策参考。

2. 经营计划管理类

➢ 指导集团下属管理机构和子公司，依据整体发展战略和规划制定年度经营管理目标和计划；

➢ 审核下属管理机构和子公司的年度经营目标和计划；

➢ 对各子公司年度经营目标、计划进行过程的跟踪、管理的诊断、推进管理；

➢ 定期季度、月度提供分析报告，对总体经营目标计划的达成情况进行总结，并针对问题提出可行性解决方案；

➢ 对经营目标计划的达成情况实施考核。

3. 制度建设、流程规范、监督指导营销工作

➢ 规范业务流程，相关管理制度，规范各项统计分析报表；

➢ 监督、指导各子公司按照集团的营销管理策略和管理模式进行管理。

4. 团队建设

➢ 建立有效的管理、激励体制；

➢ 进行人员的合理配置。

（三）营销管理部岗位与下属子公司岗位对接关系

➢ 营销管理部总经理通过华北区域总经理、华东区域总经理对华北、华东区域子公司实行间接业务支持；通过北京区域子公司总经理对北京区域子公司实行直接业务管理。

➢ 营销信息专员对接各子公司销售、售后、客服信息员；

➢ 市场主管对接各子公司客服、市场经理。

第十二条　集团公司采购部

（一）采购部总经理的直接上级为集团总裁，对区域精品业务和采购业务具有管理支持职能。

（二）采购部职权

➢ 制定、规范采购流程及相关管理制度，并监督下属子公司的落实执行情况；

➢ 进行公司大型采购项目的采购商的选择、议价、采购的执行；

➢ 集中进行定点采购商的筛选和确定；

➢ 设备、零部件的采购及管理标准的确定；

➢ 精品市场信息的收集、分析及精品上市的策划；

➢ 进行精品销售的策划及精品销售的管理。

（三）采购部与下属子公司岗位对接关系

➢ 集团采购部副总经理对接各公司精品主管。

第十三条　集团财务管理部

（一）集团公司财务管理中心总监的直接上级为集团总裁，下属为管理机构的财务总监、各子公司财务经理及财务人员。采取三层管理体制：集团财务管理中心总监、区域财务管理部财务总监、子公司财务管理部财务经理。集团财务管理中心对下属区域财务管理部及子公司财务经理、财务人员有考核权和任免建议权。

（二）财务管理中心职权：

1. 财务制度建设

➢ 负责制定集团的财务管理制度、会计核算制度、资金管理制度、预算制度、融资担保及其他相关制度；

➢ 审核下属区域管理中心、子公司财务管理制度补充实施细则；

➢ 监督和指导区域管理中心、子公司按集团统一的财务管理模式实施管理。

2. 财务核算管理

➢ 集团财务核算制度的拟定和执行；

➢ 集团本部财务核算工作的开展；

➢ 报表编制及合并、报表分析；

➢ 下属子公司财务核算业务的指导和监督。

3. 财务预算管理

➢ 组织并参与集团下属公司开展全面预算管理工作，对下属公司的预算执行情况进行总结、分析及反馈。

4. 资金管理方面

➢ 按批准的预算进行用款控制和收款监控；

➢ 合理配置和调度资金，确保资金在经营期间时点上的平衡；

➢ 负责建立畅通的资金渠道，在财务分析的基础上，谨慎地进行融资选择；

➢ 加强现金库存限额、使用、存取的管理。

5. 税务管理方面

➢ 负责集团公司税务筹划，为下属公司实施具体税务筹划方案提供平台，督促各公司做好税务管理及减免税申请工作。

6. 金融保险和信贷工作

➢ 指导各子公司在风险控制的前提下充分利用外部融资；监督各子公司流动资产管理状况；对子公司的保险和信贷业务提供支持和建议。

7. 投资管理类

➢ 参与公司投资行为、重要经营活动等方面的决策和方案制定工作，参与重大经济合同或协议的研究、审查，参与重要经济问题的分析和决策。

8. 组织、人员管理类

➢ 加强财务组织建设，完善财务人员招聘及任免、培训、绩效考评体系。

（三）财务管理部与下属子公司岗位对接关系

➢ 财务总监管理华北区域财务总监、各子公司财务经理；

➢ 金融保险部部长对接子公司总经理、财务经理、消费信贷专员；

➢ 财务管理中心各部门根据岗位工作内容对接子公司内财务经理，财务经理安排公司内相应的财务人员。

第十四条 集团人力资源部

（一）集团人力资源总监直接上级为集团总裁，下属为区域人力总监、子公司人力经理。采用三层管理体制：集团人力资源总监、区域人力总监、子公司人力经理。加强区域人力总监职能及管理力度。集团人力资源部有任免下属管理机构、子公司人力资源经理级以下人员的决定权。

（一）集团人力资源部职权

1. 制度建设和指导下属管理机构、子公司人力工作

➢ 负责制定组织管理制度、用工管理制度、招聘和人员配置制度、试用期管理制度、薪酬管理制度、绩效管理制度、培训管理制度、职业发展制度等；

➢ 审核各管理机构、子公司人力资源制度的实施细则；

➢ 指导监督集团下属管理机构、子公司按照集团统一的人力资源管理策略实施管理。

2. 人力资源规划类

➢ 编制人力资源开发的中长期计划和年度计划；

➢ 设置和调整组织机构；

➢ 编制岗位供需计划，组织编制劳动定额和用工费用编制；

➢ 修订职位说明书；

➢ 负责集团总部、北京区域子公司人员招聘和内部人员的有效配置。

3. 薪酬福利类

➢ 薪酬体系的搭建；

➢ 年度的薪酬调查；

➢ 对人工成本的核算，制订年度薪酬计划；

➢ 制订季度、月度用款计划；

➢ 薪酬制度的调整和修订；

➢ 设计福利项目；

➢ 薪酬和社会保险的日常管理。

4. 培训开发类

➢ 制定培训管理制度；

➢ 建立内部培训资源：内部兼职培训讲师体系，培训内容体系的建立；

➢ 拟定集团整体培训计划；

➢ 培训反馈及培训效果的提升。

5. 绩效管理类

➢ 建立、完善绩效管理制度和程序；

➢ 建立公司、部门、岗位关键绩效指标体系；

➢ 通过绩效考核，将绩效与薪酬、职位调动、培训挂钩；

➢ 组织绩效管理过程，通过绩效管理，不断改变组织绩效，提升企业整体绩效水平。

6. 劳动关系管理

➢ 起草、修订劳动合同和相关的协议文本；

➢ 规范各项用工制度；

➢ 重要劳动争议的调解。

7. 员工管理

➢ 员工档案的建立、保管；

➢ 员工的职业生涯发展及规划。

8. 企业文化

➢ 协助集团战略制定及企业文化的提炼及建设，负责集团内企业战略和文化的宣导工作。

（三）集团人力资源部岗位与下属子公司岗位对接关系

集团总部人力资源总经理对接区域人力资源总监、子公司人力经理；集团总部人力资源部其他岗位根据具体的工作项目和子公司人力经理进行工作的对接。

第十五条　集团综合管理部

（一）集团综合管理部总监直接上级为集团总裁，下属为区域行政人员。采用三层管理体制：集团综合管理部总监、区域行政总监、子公司行政主任。

（二）集团综合部职权：

1. 高层管理类

➢ 高管工作日志的收集和整理；

➢ 高管工作支持和协助推进工作。

2. 综合协调类

➢ 新增管理机构或法人机构设立工作的落实和实施；

➢ 协调调度集团日常行政工作；

➢ 负责集团组织所有会议的组织和管理；

➢ 综合管理制度的制定、修改和完善。

3. 公共关系、外联类

➢ 协调集团公共关系，内外业务联系、综合事务处理；

➢ 负责集团有关工商、资质注册、变更、年检等相关事宜的办理。

4. 文秘档案类

➢ 负责集团公司行政发文及文件流转；

➢ 负责集团公司印鉴管理；

➢ 负责集团公司档案管理；

➢ 负责下属子公司档案备案。

5. 行政、后勤保障类

➢ 负责集团固定资产、办公设备、办公家具的建账、管理、盘点、维修保养；

➢ 负责集团低值易耗品、办公用品的购买、建账、保管、发放和盘点；

➢ 负责公用车辆的管理和维修保养；

➢ 邮件、报刊的分发，公司内保洁、绿化的管理，票务事宜的处理。

6. 信息化建设类

➢ 负责网络软硬件的安全、维护，保证网络的正常运行；

➢ 集团经营管理信息平台的搭建和维护（OA、视频系统）；

➢ 负责办公设备安装、维护，电话系统的调配、安装及维护。

7. 对下属子公司管理类

➢ 对子公司行政人员的任用、报酬、奖惩具有建议权，审核权。

➢ 负责对下属各子公司行政工作进行指导、监督和考核。

8. 安全运营类

（三）综合管理部岗位与下属子公司岗位对接关系

➢ 综合管理部总监对接区域行政总监、各子公司行政主任；

➢ 集团行政秘书对接各子公司行政专员；

➢ 集团网络工程师对接各子公司网络管理员。

第六节 组织联系

第十六条 经营分析会

（一）为及时分析和总结集团下属各子公司经营活动，提高经营管理水平，集团建立经营分析会议制度。经营分析会是交流、分析、研讨经营管理情况，为公司经营管理提供决策依据的会议。

（二）经营分析会的内容：

➢ 通报季度经营管理计划的完成情况；

➢ 通过经营管理经验交流和经营事务透视和分析，提出相关对策，拟定下一季度的经营管理重点；

➢ 对经济形式及政策的分析，进行相关行业信息的交流；

➢ 重要的项目进展情况的通报；

➢ 重要的人事、财务事项；

➢ 上月子公司总经理考核和下月经营指标的发布；

➢ 其他需要商议的重要事宜；

（三）经营分析会为例会，每季度定期举办一次。

（四）参会人员：

- 集团总部全体人员；
- 区域管理机构全体人员；
- 下属子公司各部门负责人。

（五）经营分析会由集团人力资源部主持

第十七条　各类专题会议

为提升集团的专业管理水平，帮助下属管理机构、子公司贯彻集团的政策和制度，由集团公司职能部门定期组织召开部门例会、专题工作会议，交流、分析、研讨管理情况。由集团职能部门组织。

第七节　权限管理

第十八条　为规范管理，规范流程，健全内控机制，建立健全公司权限管理。公司权限管理遵循"统一管理、区别授权、权责明确、严格监控"的原则。

第十九条　权限层级

建议：该项工作由其最初提出需求、建议。

组织：属于该职位应该承担协调责任的事务。

执行：完成具体的工作。

审核：核实制定与执行工作，有权利决定工作可行或不可行，在最终审批前有建议权。

审批：终审、最终的决定者。

参与：该职位配合其他部门或职位完成的事务，不承担最终的责任。

维护：工作的日常维护。

备案：保存工作的相关资料。

第二十条　权限设定和规定

各管理层必须严格按照权限划分执行，当缺少某一层管理时，其权限自然上溯。

第二十一条　权限体系（略）

第八节　附 则

第二十二条　异议和受理

本制度执行过程中，如有异议可向集团人力资源部、区域管理机构、子公司人力提出，相关人力应受理并给予解答。

第二十三条　修改及完善

集团公司负责本制度执行过程中反馈的意见、建议的收集，并提出修改完善方案，报总裁审批后执行。

本制度未尽事宜，将通过公告形式补充或更新。

第二十四条　生效

（一）本制度于2005年1月1日，经总裁审批通过后发布实施。

（二）各下属管理机构、子公司可依据本制度制定实施管理细则，与之冲突的相关制度和规定同时废止。

第二十五条　本制度解释权在集团人力资源部

案例笔记

Chapter 第4章 04

动力系统

员工跑道清楚了（知道该怎么跑也有做事的规则），但是还是跑不动，原因是“不愿意跑”，怎么办呢？这就需要动力系统的建设。

通过对员工需求的归纳，**全球激励机制（或称留人机制）可概括为六个字：薪酬、事业、情感，或用俗话解释为“能不能赚钱，有没有成长，有没有快乐”**，动力系统的建设就要从这六个字下手。

薪酬（能不能赚钱）

（一）薪酬体系

窝火点

老板困惑：不知道该按什么标准为刚入职的员工制定薪酬，不知道如何调整处于服务期员工的薪酬，也不知道如何给步入退出期的员工开薪酬才能仁至义尽。

员工抱怨：老板太大气、或太抠门、或不公平；付出与回报不成正比；老板当初答应的没兑现；与同行业同规模公司相比工资太低，横向纵向水平怎么比都郁闷。

人力资源工作者抱怨：很难适合老板的理念和口味，员工有火儿也冲着他来。

方向

基于人是经济人、社会人的特性，物质激励是使人发挥才能的基础，因此薪酬体系是动力系统中的核心部分，是确保组织内各方利益平衡的关键要素。随着全球商业和行业竞争的日益激烈，人力成本是企业组织最大的压力，如何设计和改进，关系到组织的生死。

薪酬体系的总体建设方向是：根据组织阶段战略目标和核心组织能力要素，建立薪酬文化、薪酬战略及薪酬规模，与组织预期绩效目标匹配并联动，达到经济性、公平性、合法性。

(1) 经济性：比如，人均劳动生产率、产出数量和质量、工作绩效、客户满意度、人力成本的增长程度。

(2) 公平性：对外公平（指员工薪酬总水平上的公平性，薪酬战略应当确保员工在一段较长的时期内，获得等于或高于市场价格的水平）；对内公平（员工基本薪资上的公平性，应当明确干什么活拿什么钱，同岗同薪，绩效工资和奖励工资能充分体现员工的贡献）。

(3) 合法性：包括遵守各种全国性和地方性的法律法规。

另外，薪酬体系的背后是绩效考核，也一定是联动的。合适的绩效管理方式是绩效体系及经营目标达成的重要保障。特别指出，**人力智力作为一种资本，可以参与股权分配**，因此，一定要对组织的关键核心骨干进行股权期权的激励，把一帮有能力有梦想的人纳入核心团队。在美国的企业中，没有资本注入的独立董事人数已经占到董事会总人数的60%以上，这个变化的实质是人力资本越来越重要了。

方法

组织的形态有万千种，而对于员工的进入、服务期、退出的薪酬策略和操作手法也各不相同，但总的原则是：要根据**行业特点、公司规模、公司绩效、薪酬竞争策略、企业家的价值理念**五个要素进行考虑。岗位的价值怎样才能与薪酬标准匹配，这就需要进行岗位价值评估了。岗位价值评估方法很多，不同层级的人员评价要素也不一样，但核心的六个要素是：**贡献、岗位技能复杂程度、岗位责任、风险、工作强度及工作环境恶劣程度**。

薪酬福利结构包括工资、奖励、期权股权、福利。工资包括工龄工资、岗位工资和津贴三个部分，津贴包括出差津贴、职务津贴等，其中重点是岗位工资的设计。奖励包括特别奖励、总裁特别奖和红包，特别奖是评优及重大事件的奖励，总裁特别奖是奖励突发事件处理特别好的情况，红包如季度红包、年度红包。福利包括社会福利和公司福利，社会福利包括五险一金，公司福利包括补充医疗保险、工作餐、带薪休假、班车等。

值得强调的一点是，**薪酬结构的设计要把重点放在组织的核心人力资本，即核心岗位的薪酬设计上**。在核心岗位的薪酬结构中，绩效工资、奖金、股权期权的比例设置要偏重。

（二）考核机制

接下来，重点谈一下薪酬背后的考核机制问题。

窝火点

老板：企业没效益，我拿什么发工资发奖金啊，不能老是贷款发吧；工资已发出去了，可是活没干好，考核没成效，却还引来大家意见一大堆。

业务老总：绩效目标定得太高，给我的资源又不足，我如何达成？绩效目标本应该达成的，可市场、政府等客观环境发生变化，怎么扣我的薪酬或不兑现。

人力资源老总：老板嘴上说支持考核工作，但从造势和实际支持方面都不够，从头至尾都是我们自己在推动。考核涉及敏感的利益和面子问题，大家都不配合，推动起来好难啊，自己也捞到个不好。考核出来的东西并不是大家需要的，窝火。

方向

绩效考核虽然难、敏感，但是我们必须推动这个管理工具，因为道理很简单：**不考核就无法衡量，无法衡量就无法管理。因此，绩效考核是经营管理和战略落地的杀手锏，没有它，也就谈不上一个商业组织**，这不仅违背了企业的本质，也违背了管理学的几个基本职能（计划、组织、领导、控制、协调）中的"控制"职能。绩效考核的实际意义在于：

(1) 为经营者的选拔提供依据；

(2) 为经营者报酬方案的制定和实施提供依据；

(3) 为经营者的自我诊断和培训提供依据；

(4) 为建立有效的监督体系提供依据；

(5) 尽早发现潜在的问题或危机，促使经营者努力工作，以更好地改善企业业绩；

(6) 对于集团公司，加强集团和各产业板块之间的沟通，显示集团对中高层工作的监督和评价处于正常状态；

(7) 向股东提供准确的信息。

方法

1. 前提

考核的前提是计划，计划是否科学、精准是组织落实的关键，计划做得好，产出效果和效益就高；计划做得不好，则会出现灾难性的结果。

1）计划的制定原则

计划的制定原则一定是高目标设置。有人说要根据现有资源状况、管理状况、团队素质状况，先低目标循序渐进设置，再高目标设置。这种说法也没错，但是这样设置计划目标很难快速塑造一个高效的组织，也会影响商业模式验证和阶段性的整体绩效。因此，**对计划高目标的设置，我们不要怀疑目标是否能实现，关键是要看落实计划的措施是否得力**，也就是说，先高目标设置，然后集中精力去找方法和措施，要倒过来想这个问题。

设定计划一定是以营销计划为龙头，然后才是人力资源计划、财务计划、采购计划等，因此，阶段性的营销计划制定是否科学合理，是决定整个经营计划成功的关键。

在讨论计划制订时，人、财、业务的一把手要共同参与讨论，这样一方面能确保各方在经营计划目标上达成思想一致；另一方面能使各方明确在具体执行时应如何去协作。

制订计划时，最好按照平衡记分卡的思想去操做，根据“财务指标”、“重大运营工作指标”、“管理改进指标”去设置。因为财务指标的完成，需要重大运营工作指标的完成，而重大运营工作指标的完成，则需要建立在制度、流程、团队建设等管理改进指标完成的基础之上。

2）计划的落实与改进

计划目标一定要公示，只有公示的目标才是承诺，才能做到业绩透明、人人监督，这样有助于组织建设的公正、透明。

计划的落实，一定是协作执行。分块工作执行得好坏，前提是协作沟通，只有在协作的前提下执行，计划执行结果才是一盘棋，执行结果本身才能有真正的结果。

根据计划的动态执行过程，总经理要把组织架构表放在办公桌上天天研究，持续地寻找组织架构里每个岗位需要不断提升、改进的元素，以持续优化组织，实现计划更好地落实。

2. 原则

(1) 以价值（核心组织能力要素）为驱动；

(2) 业绩透明性；

(3) **考核指标的系统性、关联性、可控性、可测量性**（此项最为关键）；

(4) 以业绩和激励为导向；

(5) **按时、按质、按量、按成本收益考核**；

(6) **定性和定量的结合**。

3. 考核评价的三种常见模式

考核通常有三种模式：财务模式、价值模式、战略模式（BSC），详见表4。

表4

项目	财务模式	价值模式	战略模式（BSC）
评价目标	提高生产率 提高产品/服务质量	为股东创造价值	为利益相关者创造价值
评价指标	财务指标 会计基础 投资回报率	修正的财务指标 市场基础 经济增加值	多维业绩评价指标 利益相关者基础 财务指标与非财务指标
评价标准	预算标准 行业标准 历史标准	长期计划标准	战略竞争标准

对于多元化产业集团公司业务老总的考核评价，建议重点考虑战略模式（BSC），它的好处是与战略和经营目标有因果关系、联动关系、相互驱动关系；同时它也是执行战略很好的工具和方法。

4. 考核指标库

图7列出业绩指标体系，考核时可以从中选取使用。

- 财务指标
  - 赢利指标：净利润、投资回报率、NOPAT、EBIT
  - 营运指标：资产周转率、存货周转率、应收账款周转率、净资产收益率
  - 偿债指标：流动比率、速动比率、资产负债率
  - 发展指标：销售收入增长率、营业利润增长率
  - 现金指标：经营现金流、自由现金流、现金到期债务比率
- 价值指标
  - 经济利润指标：EVA、REVA
  - 贴现指标：NPV、IRR
  - 市场指标：股票市价、市值
- 非财务指标
  - 客户指标：客户满意度、客户忠诚度、客户美誉度
  - 内部流程指标
    - 营运管理指标：供应商评价、生产（维修）周期
    - 客户管理指标：目标客户赢利性、战略客户数量（基盘客户）
    - 创新管理指标：全功能营业项目导入速度、新项目孵化数量
    - 社会责任指标：周边环保指数、员工健康与安全
  - 学习成长指标：员工人均培训时间、最佳实践共享数量、员工晋级数量

图7

5. 考核的分类

集团涉足多个品牌，各公司在集团战略中处于不同的地位。根据各公司业务在集团战略中的定位以及各公司运营的具体特点，可将公司分为三种类型，每种类型的公司分别选择不同的绩效管理重点，以促进公司的发展，最终提高集团整体实力。

1）效益型公司

该类公司经营的业务主要是集团的成熟业务，这些业务增长相对稳定，能够为集团提供稳定的现金流，并支撑着集团的生存与发展。集团重点关注公司经营产生的效益，主要考察以利润和质量为代表的效益指标。

2）成长型公司

该类业务主要为成长性业务，此类业务往往可能存在很大的市场商机，需要集团积极培育。集团重点关注公司经营能力的培养与机会的把握。主要考察销售量的增长、市场占有率的增长等指标。

3）尝试型公司

该类业务主要是尝试性或机会性业务，需要集团根据情况判断其成长性。若为成长性强的业务，则主要考察其成长性指标；若为机会性业务，则主要考察其利润指标。

6. 全面绩效管理体系

为了达到良好的管理效果，绩效考核不仅要体现在考核指标的设置，更要体现在管理的过程和价值上。因此要对一个组织进行全面的绩效管理，需要从绩效管理的内涵、内容、层级、层次、流程、应用六个方面进行全方位考虑，那么这六个方面内容所包含的内涵和逻辑关系是什么呢？详见图8。

7. 考核的内容和形式

考核最关键的是指标的设定和评价标准，否则执行起来很尴尬。不管是效益型公司、成长型公司还是尝试型公司，对业务老总的考核，需在考虑组织能力核心要素的前提下，重点考核三类指标：**一是业绩指标；二是素质能力指标；三是价值观指标**。业绩指标与其当期收入挂钩，素质能力指标和价值观指标与人事任命挂钩。其中业绩指标建议用BSC（平衡记分卡）的思想，可设置三大类业绩指标。

1）财务指标

主要考核图7中的“净利润指标”、“投资回报率指标”、“经营现金流指标”，这也是一个企业组织实现赚钱的三大目标。

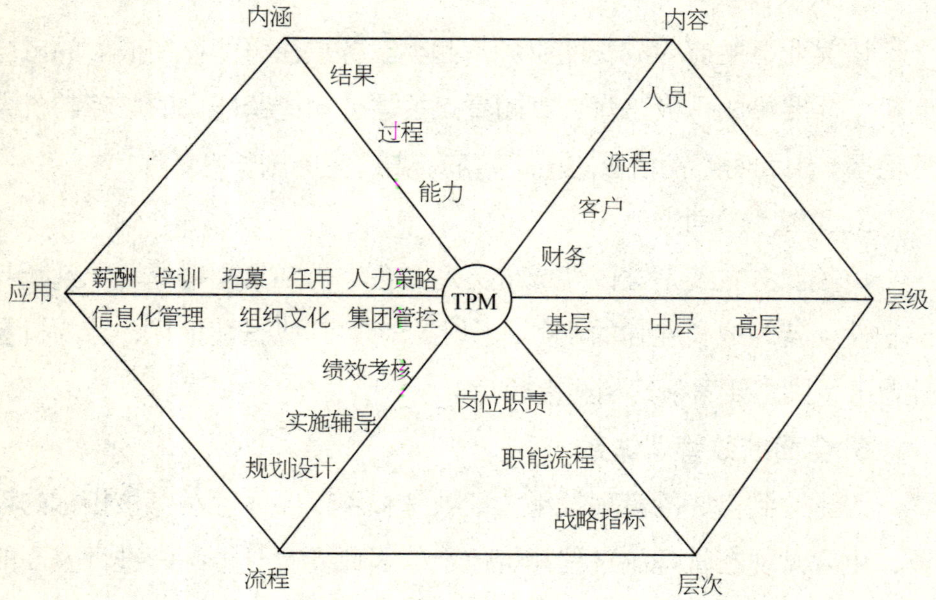

图8

2）重大工作任务指标

如房地产项目公司的“工期指标”、“五证获得指标”、“新增银行贷款指标”。

3）管理改进指标

如“关键岗位流失率指标”、“管理制度、流程规范指标”等。

以上三类业绩指标是驱动关系，只有管理改进指标做好了，重大工作任务指标才能做好，只有重大工作任务指标完成了，财务指标才能实现。

8. 考核挂钩方式

考核结果的运用，无外乎上文提到的“薪酬、事业、情感”六个字，详见表5。

表5

激励类别	具体方式
薪酬类	基本工资 绩效工资/绩效年薪 福利津贴 股票、期权 广义薪酬：放假、度假、旅游、聚餐等
事业类	提升、降职、调岗、解雇 工作目标的设定、工作过程的参政议政、工作目标完成的激励
情感类	声誉地位：声望、荣誉激励（如张榜公布、公开奖励、优秀员工走红地毯）、参政议政等 权利激励：经营自主权等 道德情感激励：道德激励、情感激励等

9. 考核工作的组织保障

1）高层要造势，中层要做实，基层要做事

老板、业务老总、人力资源在考核事件上要有相应的分工。只有共同参与、引导员工对考核工作持积极正面的看法，才有希望把工作做好。考核体系的建立、考核的认同及习惯需要全公司自上而下扎扎实实地推动几年才能完成，不是一蹴而就的。

2）要做好考核工作的前提基础工作

要做好考核工作，首先要确定战略目标，完成经营预算、岗位责权、流程设置等工作，即本书第3章所讲的跑道系统工作，否则白搭。其中，经营预算工作详见图9，可见全面预算管理与业绩考核有紧密的联系。

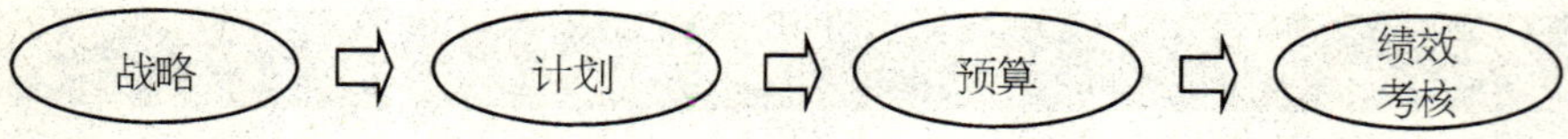
战略
计划
预算
绩效考核

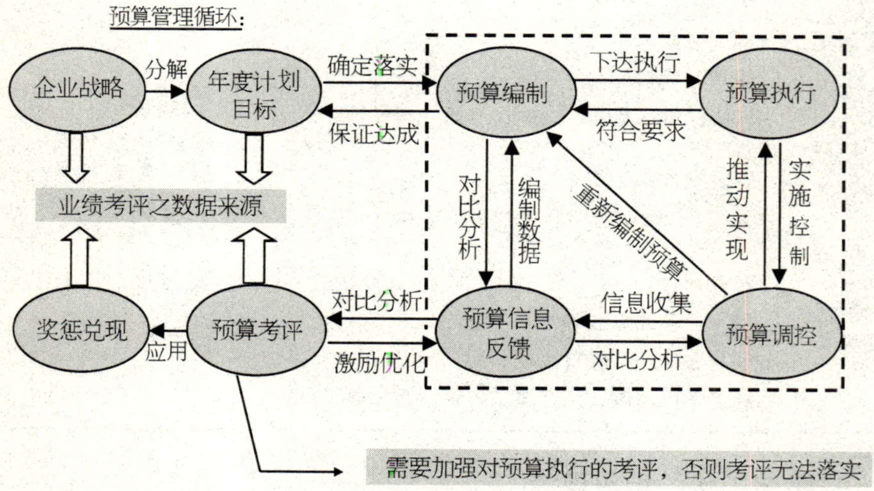
预算管理循环：
企业战略
分解
年度计划目标
确定落实
保证达成
预算编制
下达执行
符合要求
预算执行
业绩考评之数据来源
对比分析
编制数据
重新编制预算
推动实现
实施控制
奖惩兑现
应用
预算考评
对比分析
激励优化
预算信息反馈
信息收集
对比分析
预算调控
需要加强对预算执行的考评，否则考评无法落实

图 9

读书笔记

事业（有没有成长）

窝火点

老板：员工的整体素质或关键骨干的个人素质跟不上企业的发展，也跟不上老板的思维，公司原有规模的扩大或新项目的拓展，找不到合适的领头羊，更谈不上组建几个有能力的团队；跟了我多年的老员工，能力没有提升，与市场竞争环境脱节，逐渐被边缘化，用，担心他们顶不起事，不用，又被埋怨说“自己奉献青春”但无出人头地的机会；用有能力有抱负的员工，出于对复杂人性的怀疑，担心因为自己无法掌控而导致实际经营权掌落在他们手里，也担心“山大王”或“军阀割据”局面的出现，甚至担心有叛军、自立门户的现象。唉，能力弱的怕削弱江山，能力强的怕取代江山，好难啊，最后，只有用能力弱，即所谓忠诚的人了。

业务老总：自己的事业和成长，公司都没给我搞明白，我哪有心思和能力为下属打算他们成长呢？下属成长了岂不是对我有威胁？能力强了不听我的话，不好管啊。

人力老总：连我自己的成长激励老板都忘了考虑，我的方向和动力都没有，我怎么去考虑设计员工的成长呢？公司的战略策略一年变好几次，没有稳定的业务秩序，人才培养机制就会乱套；员工的成长还需要一定的资金投入，员工培养成本与企业产出之间如何匹配，很难平衡。

方向

组织能力的提升，团队战斗力的提升，是支撑商业模式落地和战略实现的必要手段，这些能力都必须落到组织系统里每个员工能力的提升。从政治上说"水能载舟，亦能覆舟"，关心员工的成长是经营组织的关键，是经营企业的最终本质，也是建设和谐社会的最终落脚点。**经营员工的成长，是在结合企业的实际情况，以人为本，经营员工的"需求"**。

方法

人的需求有生理和心理的需求，物质和精神的需求，这个谁都知道，但是不同层级、不同年龄阶段的需求是不一样的。因此，对员工的成长要区别管理，千万不要一刀切。

我们来看员工职业成长的一般规律，详见图10。

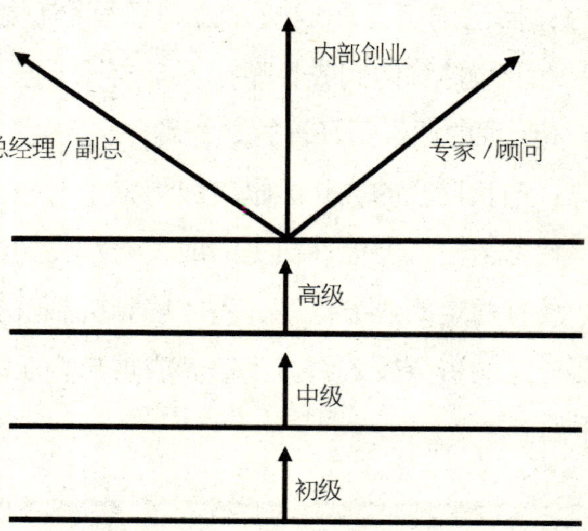

图10

从上图看，每个层级的员工，企业对其人格成熟度、工作技能、资源需求都不一样。因此，在职业成长的过程中，应主要考虑以下三种情况。

1. 职位发展通道

俗话说“不想当将军的士兵不是好士兵”，大多数员工都想职业成功，都想晋职晋级，都想实现更大价值。因此，**职业发展通道的梳理和设计是员工成长管理的关键事项**。我们想想职位发展通道的本质吧，试想，如果没有人才发展通道，员工会怎样？要么员工会离开，这样培养成本损失了；要么员工对现状要求高，向企业要高薪酬。

职位通道设计的原则是“条条道路通罗马，不要华山一条道”，职位通道要宽。可根据企业管理的实际情况，比如可设计行政序列、技术序列、管理序列等，并将企业的职位发展序列、通道及任职考核条件在公司内部给予宣讲和公示，这样可使员工感觉透明、公平、有盼头。

公司的业务量决定职位发展的跑道宽度和职位的多少，在设计职位通道时，要借助上文所讲的绩效考核的手段，让岗位上的员工能上能下。这样，职位数就多了，可以由原来的几百个变成几千个，甚至更多，而且也会让员工感觉到**职位发展通道是没有天花板的（有天花板了，员工感觉在为老板打工，没有天花板员工感觉是在为自己打工）**，这样就激发了组织的活力。

2. 职位上的成长

全球经济复苏，职业人面临重大的机遇和挑战，职业的国标时代来临，每个员工都想在职位上以最短的时间快速成长。因此，在职位的成长和职位间的过渡上，要注意关注**员工成长“五度”，即态度、速度、深度、宽度和品牌度**。

1）态度

态度是员工能力转化为业绩的“中介”，因此，要关注员工态度的塑造，“态度决定一切”，态度好，做事好；态度差，做事差。此外，还要关注员工的人格成熟度和商业人格（商业诚信）。

2）速度

行业的深度整合和竞争导致企业商业模式要持续优化和转型，对于员工成长的速度要提速啦。一天不学习、不总结，不与市场接轨，就会落伍。对于如何加快员工成长的速度，要具备危机意识。

3）深度

现代社会中，知识、信息、技能到处都是，浅尝辄止、同质化的职业技巧太多，需要我们从深度和创新方面进行挖掘。只有员工拥有“短平快、稳准狠”的绝招，才能为企业带来价值，在职业发展上才能保鲜。

4）宽度

现在是行业联盟、资源整合、借力的时代，需要我们的关注度更宽。尤其是企业的中、高层，不能天天坐在办公室埋头苦干，要学会整合资源，学会借力，学会关注行业动态、政策趋势，学会研究和优化调整商业模式。不宽不行了，真正的“既专又红的时代”来临了。

5）品牌度

要重点**从所从事行业的知名度、美誉度（个人口碑）、忠诚度（跳槽频率等）、传播度、公信度等去维护和塑造职业形象。**

员工职位上的“五度”成长，既需要工作岗位上的技能磨炼与培训，也需要借助市场的教育培训机构，从里面到门面获得全方位的丰满，尤其是在岗位的操练方面。

我们正在经历第三次产业革命（第一次产业革命工厂代替了手工

工厂；第二次产业革命，即信息革命，脑力代替了体力），从左脑型经济向右脑型经济转变，即从左脑对信息资料的收集和运用到右脑的横向思维和艺术鉴赏力，工作的趋势在逐渐改变，基于创新和网络的新型管理思维也随之出现了，这就要求我们的学习和成长成为一件终身的任务。一项研究表明，人一过40岁，大约400个基因就变懒惰了，会影响学习、记忆和沟通技能，因此**如何关注年轻员工的成长并使年老员工的思维变得更年轻，需要企业花更多的时间和精力去考虑。**

3. 特殊成长之路——创业

有两种人可以走这个通道：一是能力偏弱的公司不愿舍弃的资深员工（或元老）；二是人品好、能力强、有创业欲望，想当老板的员工。前者可以安排其稳定的副业进行承包经营；后者可以安排新兴业务让其以股东的身份进行经营。这样最大的好处是可借助企业的资源和平台让其更好地发挥价值，不但给公司创造了价值，也减少了组织的人力配置冲突。这一点，老板和人力老总要重视，否则因为人的问题要累死人。

读书笔记

情感（有没有快乐）

窝火点

老板：公司内部勾心斗角、拉帮结派、阳奉阴违、明争暗斗的情况严重；员工精气神不够，状态不好，死气沉沉。

业务老总：既然我是一把手，带兵打仗营造一种什么样的士气和氛围应该由我说了算，可是实际上我做不到。

人力老总：我想建立一种正气的、阳光的、积极的、健康的文化，但公司沉积多年的习惯很难改变，大力推进文化变革谈何容易？

员工：抱怨不公平，抱怨王八蛋领导风格，抱怨自己看不到前景，抱怨工作难推动，人际关系复杂……

方向

情感，并不是说要天天请员工吃饭，给予其小恩小惠，而是要建立良好的组织文化氛围，即企业文化。组织战斗力的发挥，只靠架构、制度和流程这些硬件管理环境还不够，还必须建设良好的企业文化软件环境。因为**制度只能防止最坏的事情发生，但却解决不了根本的问题，唯有文化才能让组织里的员工自觉自愿地从善如流**。企业文化相当于一个国家的道德和舆论，经营企业组织，背后实质经营的是企业文化（即公司政治）。

方法

我们从以下七个问题来探讨。

1. 企业文化是什么？好处是什么？包含什么内容

1）企业文化的内涵

企业文化是流淌在员工血液里的是非标准、做事风格和行为习惯；是深入骨髓里的健康风气，是企业发展的DNA。

2）企业文化好处

企业文化本质上是减少沟通成本，以提升组织的效率和效能，从而提高企业的生产力。我们要认识到组织面对未来的决策不是基于事实的，而是基于价值和优势的，因此经营好了企业文化，是最省钱的。

3）企业文化包含的内容(图11)

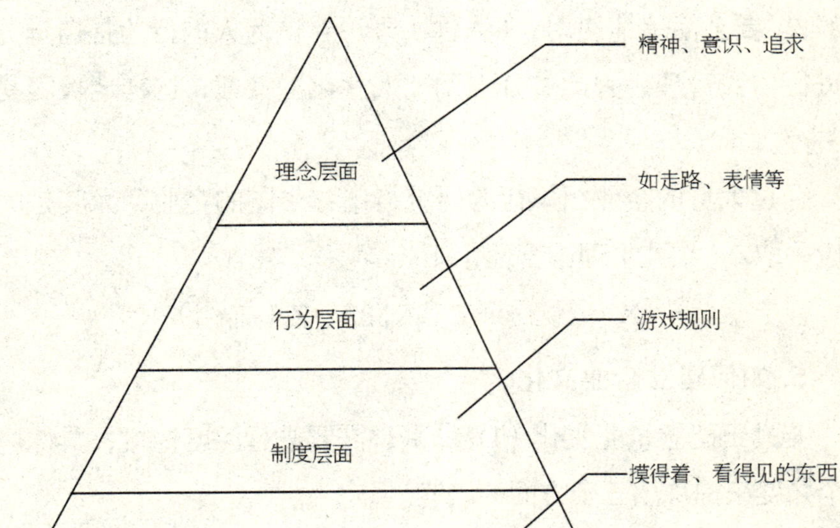

图11

2. 好的企业文化特点是什么

健康的、积极的、阳光的、正面的、具有激励性的。

3. 诊断企业文化现状

企业文化是暧昧的或是温和的？指引方向和爱憎价值主张是否相对清晰？等等。

4. 企业文化应该是什么

分析：人虽是性本向善的，但存在个体遗传基因和童年形成的习惯差异。因此，当有两个以上的个体形成一个组织时，就需要对个体行为进行规范。否则个体就会人性使然，产生不健康的习惯，破坏组织的战斗力和凝聚力。

许多企业建立企业文化时容易走向极端。

(1) 要么简单地使用X（压力）理论：认为人是偷懒的动物，需要用鞭子抽，因此采用简单的“压力式”管理，压抑了人的积极性。

(2) 要么简单地使用Y（人性）理论：认为人的行为是自觉的，可以进行自我管理，因此过分强调“人性化”管理，这样老板容易对局面失控。

经过大量的企业组织行为研究得出：中国的企业，尤其是民营企业应采取Z（柔性）理论管理，即

X（压力）+Y（人性）=Z（柔性）

5. 如何建立企业文化

要真正建立企业文化（DNA），需要进行深度挖掘，具体应该从五个角度来提炼出五个方面的内容。

提炼企业文化的五个角度：

1）共性：企业的底线文化

即企业强调结果文化，强调客户文化（内部客户必须相互协

助）。每个企业都要强调有效产出这个结果文化，还要强调组织内每个岗位相互为客户的文化，这是所有企业需要共同遵守的底线文化。

2）个性：老板的优点

可提炼出老板（创业团队）的独特优势和特质。

3）行业特点

每个行业都有其独特的组织能力和文化，比如教育、地产就应该有差别，因此要挖掘行业的规律和基因。

4）标杆文化

借鉴先进标杆企业的做法。

5）根据商业模式和战略确定所需的组织能力

建立企业文化需要确定五个方面的内容：

1）企业的愿景及使命（即理想）

2）企业的战略目标

3～5年，甚至是10年。

3）企业的精神

4）企业的核心价值观

比如：高管行为规范、员工行为规范、人际沟通原则、领导思维及风格、管理理念、人才观、财富观、培训理念等。

举例说明如下。

(1) 处事原则：

当面说，不要背后乱说，会上说，不要会后乱说；

以事实和数据为依据，不要“想当然”；

好消息要向下传，坏消息要向上传；

为自己留后路，你十有八九肯定走后路；

只要观念不滑坡，方法总比困难多。

(2) 领导风格：

用自己的专业素养和人格魅力吸引下属，少用行政权力压人；

管理，就是"消灭"形容词；

高明的领导，领导员工的思维，不高明的领导，看管员工的行为；

按劳动的成果分配，而不是按劳累的程度分配；

杜绝"没有功劳，也有苦劳和疲劳"的说法；

只能授出任务，不能授出责任，责任由授权者承担；

设定目标要高，一旦确定，不能讨价还价。

执行力的前提是分工之间的协作，我们提倡协作执行力的概念，才能实现整体作战。

5) 企业的VI（视觉识别系统，比如形象识别系统、司歌）

企业的愿景及使命（即理想）、企业的战略目标这两项尤为重要，是对组织激励的方向问题和首要问题。试想，员工都不知道公司的发展方向和目标，动力从何而来？

6. 如何推行企业文化

如何推行？要注意三个问题。

1）集团文化管控的问题

作为多元化产业集团公司，**集团总部和各产业板块的文化应该有区分，但是核心价值观、企业精神、企业的VI（比如形象识别系统、司歌）三个方面要统一**，这相当于是母文化。各产业板块可根据自己的产业特点，在经营理念方面进行延展。这是集团公司母文化和子文化在核心问题上需要统一的问题。

2）文化宣传载体和管理载体配套的问题

企业文化必须依托管理载体进行传递。

比如设定了“用人文化标准”，就必须有配套的“用人制度”这个管理载体去落实。否则就会出现两张“皮”。

3）持续改进的问题

必须坚持：高层造势、中层做实、基层做事的原则。尤其是高层得下决心，身体力行做好表率。

解决了上述三个问题之后，企业文化的推行如何具体操作呢?

文化标准和管理载体建立好了，在推行时，还需要经历痛苦的蜕变。多年的习惯是顽疾，每条文化只有经过至少21次的反复刺激强化，才能有所改变。

比如，可以一个季度推一条文化，并进行多次轮番“轰炸”，以实现员工心志的改变、习惯的形成，最后达到员工行为方式的改变、绩效的改变。同时**可以把文化指标放在考核体系里进行考核**。

7. 企业文化的推行节奏

先确定并推行四个方面的内容：

(1) 企业的愿景及使命（即理想）；

(2) 企业的战略目标（3~5年，甚至是10年）；

(3) 企业的精神；

(4) 企业的VI（比如形象识别系统、司歌）。

至于核心价值观，是一个相对庞大、持续的系统，需要持续建立并形成习惯。

案例

（一）薪酬：某地产集团薪酬福利制度（节选）

请思考：

1. 该集团的薪酬策略是什么？

2. 该集团几种薪酬模式的依据是什么？是如何与考核挂钩的？

3. 该集团的高层人员薪酬模式设计是否合理？

4. 作为集团公司，薪酬如何体现地区差异化和人性化管理？

5. 该集团的薪酬福利制度对核心人力资本是否具有激励性？

集团背景介绍：某地产集团成立于2005年，主要经营商业和住宅项目，项目分布于全国一、二线城市，集团共有十多个项目，公司实行三级管理体制：集团总部、区域公司、项目公司。集团拥有员工600多人，随着项目的陆续开展，各项目的薪酬体系不一，激励机制暴露出不公平的现象，员工流失率达25%，延误了集团整体经营计划的达成。集团总部很难测算人力成本，所有项目的整体薪酬规模无法与经营业绩匹配。集团董事会决定制定一套统一的薪酬激励制度，以更好地达成战略目标和经营计划。制度具体内容如下。

第一章　总 则

一、目的

为建立与行业相适应的薪酬分配制度，最大限度地调动员工的工作积极性、主动性和创造性，使员工的劳动报酬与工作贡献相匹配，实现薪酬分配的公平公正，特制定薪酬制度。

二、指导原则

（1）根据在工资总额增长幅度不低于企业经济效益增长幅度和员工平均实际收入增长幅度不低于企业劳动生产率增长幅度的原则下，根据自身经济效益状况、人工成本水平、工资支付能力和行业劳动力市场价位等决定工资总额和工资水平。

(2) 贯彻按劳分配，克服平均主义、大锅饭，以效率为主、兼顾公平，使工资水平向高级管理、核心关键岗位倾斜。

(3) 工资总额与工资水平随企业经济效益浮动，员工凭自身绩效正常晋职晋级。

(4) 公司将力求在同一地区同岗同酬，按各地市场的人才供求差异不同核定各地区各岗位的薪酬。

(5) 由于人才的竞争激烈，为更好地招聘人才，同时避免员工的恶性攀比，公司将实行保密工资制。

第二章 工资制度

根据公司岗位类别的差异，公司内部实行四种薪酬形式，对各部门总体上继续实行岗位绩效工资制；对特殊人员可实行谈判工资制度；对公司高管人员实行年薪制；对销售人员实行提成工资制（见提成工资制具体方案）。

一、岗位绩效工资制

针对公司的业务特点，公司内部将对非年薪制人员实行岗位绩效工资制。

（一）工资结构

岗位绩效工资制包括基础工资、绩效工资、工龄工资三部分。

1. 基础工资

基本工资是参照当地职工平均生活水平、最低生活标准、城镇消费价格指数及职位的责任大小等情况，针对不同类型的岗位设定基础工资。

基础工资共分为25等级，最低为600元，G1~G5递增200元，G6~G10按300元的增幅递增，G11~G15按400元的增幅递增，G16~G25按500元的增幅递增。

2. 绩效工资

绩效工资是通过职位分析，按工作性质、岗位责任及对公司核心业务的贡献度确定的标准贡献工资，根据个人实际工作业绩发放。同级绩效工资标准与同级基础工资标准的比例为1：1。

3. 工龄工资

(1) 工龄工资按照每年50元标准递增，按月发放，工龄达到10年时封顶，不再累计增加。

(2) 员工原按国家规定计算的连续工龄只作为退休时计算工龄的依据。

(3) 对于通过重组、兼并而纳入公司管理范围的公司的员工，其原有工龄可以保留。

4. 基础工资、绩效工资税前标准表（单位：元）

工资代码	基础工资	绩效工资	合计
G25	9800	9800	19 600
G24	9300	9300	18 600
G23	8800	8800	17 600
G22	8300	8300	16 600
G21	7800	7800	15 600
G20	7300	7300	14 600
G19	6800	6800	13 600
G18	6300	6300	12 600
G17	5800	5800	11 600
G16	5300	5300	10 600
G15	4800	4800	9600
G14	4400	4400	8800
G13	4000	4000	8000
G12	3600	3600	7200
G11	3200	3200	6400
G10	2800	2800	5600
G9	2500	2500	5000
G8	2200	2200	4400
G7	1900	1900	3800
G6	1600	1600	3200
G5	1300	1300	2600
G4	1100	1100	2200
G3	900	900	1800
G2	700	700	1400
G1	600	600	1200

（二）岗位价值区间

(1) 根据编制设置，结合各个岗位对专业技能、知识的要求，在不考虑地区差异的情况下确定最低任职资格时的工资等级（下限）及最高任职资格时的工资等级（上限），以此作为岗位的价值区间。

(2) 因临时工作需要，各部门可向人力资源部申请增加时令工，经公司领导批准后可聘用时令工。时令工的聘用期限原则上应在3个月以内，最长不超过6个月，到期必须解聘，不得以任何理由留用。时令工为编外人员，其工资属于包干工资，不再享受其他福利待遇。时令工的待遇按市场同类人员供给价格定，但不得超过1 500元。

(3) 公司岗位类别与工资等级对照表：

序号	岗位	工资等级	工资区间
1	首席执行官助理	G14~G19	8800~13 600
2	地产管理部总经理	G16~G21	10 600~15 600
3	人力资源部总经理、财务部总经理、地产管理部副总经理、地产管理部总工程师	G13~G18	8000~12 600
4	人力资源部副总经理、财务部副总经理、地产管理部处室经理	G8~G13	5600~9600
5	财务部、人力资源部处室经理；投资分析主管、市场研究主管、营销策划主管	G8~G13	4400~8000
6	地产管理部销售监控主管、客户服务经理、结构工程师、设备工程师	G6~G11	3200~6400
7	建筑师、规划师	G11~G20	6400~14 600
8	财务主管、计划统计主管、预算审核与分析主管、融资与资金调度主管、项目投资主管、数据与信息主管、客户主管	G3~G8	1800~4400
9	会计、行政秘书、后勤主管、人力资源主管、培训开发主管、薪酬与绩效主管	G2~G7	1400~3800
10	出纳、司机兼接待主管、人力资源助理	G1~G6	1000~3200
11	首席执行官秘书	G3~G11	1800~6400

(4) 各成员公司的岗位类别与工资等级对照本规定，参考各地的行情核定后另行下发执行。

(5) 各岗位的薪酬区间根据人才供求状况可进行调整，以使公司的薪资水平保持竞争力。

（三）工资管理

1. 试用人员工资

公司实行新员工试用制度。对所有岗位新录用的员工必须经过1～3个月的试用期，如果三个月期限过后，该员工还不具备在所聘岗位工作的能力和知识，应予以解聘。

试用人员在试用期间只发基础工资，不享受绩效工资。试用人员的工资级别根据公司内部的人员紧缺状况及市场供求状况由人力资源部在办理报批手续时一并确定。

2. 转正定级

试用期满，经过公司转正程序后，由人力资源部起草定岗定位文件，同时在文件说明中明确转正级别（原则上将按谈定的待遇级别确定工资等级），并以密件的形式经过审批程序后下文，但文件中不注明工资级别，同时根据批件制作《薪资级别调整表》并编号存档，以此作为工资发放依据。

员工转正定级的具体规定将另行下发。

3. 工资调级

工资级别的调整，原则上将按照绩效考核的结果来进行调整，具体规定另行下发。

4. 月度绩效工资的发放

月度绩效工资每月只发放50%，剩余部分根据公司任务完成情况每半年结算一次，具体办法见绩效考核相关规定。

（四）工资发放规定

(1) 工资发放口径：工资中按月发放的仅为基础工资及50%的绩效工资，未发的50%的绩效工资的核算时间、发放办法见绩效考核相关规定。

(2) 工资核算时间：以自然月度作为月度工资核算周期。

(3) 工资发放时间：第一笔工资在次月5日发放，第二笔工资根据财务操作要求，在次月5日至次月20日分批发放。发放时间如遇节假日或公休日原则上提前发放，具体上账时间视银行处理情况，以财务部届时通知时间为准。

(4) 各项社会保险费用、住房公积金中应由员工个人交纳的费用及个人所得税在工资中统一予以扣缴。

(5) 人力资源部应在每月1日下班前整理完上月考勤表，以保证工资的及时核算；在每月3日下班前完成上月员工工资、考勤及其他货币化福利项目的核算。

(6) 日工资标准根据月基础工资，按实际月应出勤天数进行计算。

(7) 对于新招聘员工，在当月15日（含）之前报到者发放全月工资，15日之后报到者发放半个月工资。对于集团内部调入员工，以工资关系转移单注明时间为准接续发放。

二、年薪制

（一）适用范围

集团公司领导及在一个会计年度内正常运营、有独立的收入、利润指标的房地产公司的公司领导，包括董事长、副董事长、首席执行官、总经理、总监；其他公司的高级管理人员暂执行岗位绩效工资制。

新增职位拟实行年薪制的需要报地产集团董事会审批。

（二）实施年薪制的基本原则

(1) 建立比较规范的公司法人治理结构。

(2) 建立有效的经营管理者选拔、评定、考核与任用的竞争机制。

(3) 建立对经营管理者科学的业绩评价体系，使经营管理者的责任、风险与利益相对等。

(4) 坚持对经营管理者经营业绩先考核、审计，后兑现。

(5) 经营管理者的薪酬必须由出资人或出资人代表决定。

（三）年薪制的主要内容

企业高级管理人员的年薪，以公历年度为考核周期，将企业高级管理人员的薪酬收入与其经营业绩挂钩。通过经营指标与高管人员年薪收入的考核挂钩运用来促进高级管理人员经营绩效的改善，促进企业努力生产经营。实施年薪后，高级管理人员的年薪报酬与本企业职工工资收入相分离，不再享受本企业通常的工资、各种奖金（含年终奖、年终红包）、各种补贴、加班费等工资性报酬收入，不得从下属企业或集团内兼职企业中领取其他任何报酬。

1. 年薪制的结构

高级管理人员年薪主要分为：基本年薪、绩效年薪两部分，推行年薪制的主旨决定了绩效年薪在年薪制中的主导地位。目前主要形式以企业高管人员的基本年薪为基础，根据本企业年度完成生产经营目标的比例来确定企业高管人员所获得绩效年薪的数额总和。

1）基本年薪

根据企业的经营规模、经济效益和发展定位，并参考地产行业特点和岗位类别差异，结合本企业上年度员工的平均工资水平，确定企业高管人员的基本年薪。基本年薪标准（税前标准）如下：

公司	职 位	基本年薪标准（万元人民币/年）	月平均（元人民币/月）
地产集团有限公司	董事长	24	20 000
地产集团有限公司	副董事长	18	15 000
地产集团有限公司	首席执行官	16	13 333
地产集团有限公司	运营总监	14	11 667
成员公司	财务总监、行政总监	12	10 000
成员公司	总经理	16	13 333
成员公司	市场总监、工程总监	12	10 000
成员公司	财务总监、行政总监	9	7500
成员公司	总经理	14	11 667
成员公司	市场总监、工程总监	9	7500
成员公司	财务总监、行政总监	6	5000

注：各公司董事长的年薪制基本年薪标准按公司总经理的标准执行。

2）绩效年薪

以基本年薪为基础，根据企业完成本年度的生产经营业绩考核指标，并结合对高管人员的综合管理业绩考核指标来确定，它随高管人员的业绩浮动。高管人员的业绩考核需与企业的经营收入完成情况、利润实现程度、市场占有率、资产保值增值等指标复合挂钩（可根据需要设立管理指标），以基本年薪的2.5倍为基准考核计算，但计算结果最终应以不超过基本年薪的3.5倍为宜。由于高管人员人为原因，使企业出现经营亏损时高管人员无绩效年薪。

3) 年薪实施方式

企业高管人员的年薪与企业职工收入相分离，在本年底根据企业的年度经营业绩情况采取预提方式计入本年度管理费用，预提金额从企业本年度工资总额预算中分离后单列，并不再参与集团对企业工资总额的考核管理。当考核年度无企业年度税后利润时绩效年薪为零。企业高管人员的年薪采用在次年第一季度先审计后兑现的方式。

三、提成工资制

（一）适用范围

适用于房地产项目进入销售阶段后实行自销或委托代理的促销人员。

（二）工资结构

(1) 临时编制内的销售人员收入=底薪+销售佣金

底薪：根据当地市场行情及项目情况自行决定。

佣金比例：根据开发项目的市场销售难易程度及行业惯例灵活确定。

(2) 公司正式编制内的销售管理人员除执行岗位绩效工资制外，可根据总销售额另行提取一定比例的公佣（用于通过绩效考核制度分配给除销售人员以外的员工的一种奖励性基金）。

(3) 在项目总的佣金提取比例下，除掉临时销售人员的销售佣金、正式销售管理人员的销售公佣之后，剩余部分用于本公司其他人员的奖励。

（三）佣金比例

不同项目根据各个因素的不同原则上采取不同的佣金比例。临时销售人员的底薪及销售佣金提取比例、正式销售管理人员的销售公佣提取比例及项目总的佣金提取比例由所在房地产公司自行提出初步意见，经本公司总经理审核后报集团审批执行。

（四）佣金发放规定

(1) 临时销售人员的销售任务以当月新认购并签约的数量为计量标准。由各房地产公司自行根据任务完成情况确定不同的佣金发放比例，但临时销售人员佣金发放比例原则上不得超过既定的销售佣金提出比例。实发佣金为该销售人员当月所得总佣金的80%，剩余20%佣金在客户办理入住手续后发放。

(2) 原则上每月10日发上月薪金，根据批准的项目总的佣金提取比例由财务部门根据上月回款总数确定总额，并转销售部门制定上月临时销售人员的工资表，经公司销售管理负责人签字认可、财务部审核、公司总经理审批后发放。销售管理人员的公佣一并按既定的比例提取并发放。

(3) 如果客户退房且销售员已提该套房的佣金，则应于下月计算时扣除此笔已发佣金（含销售管理人员的公佣）。

(4) 除去临时销售人员及销售管理人员的佣金后，在项目总的佣金提取比例下剩余部分用于奖励公司非销售人员。该奖金按季度分配，由财务部核算奖励金额，由人力资源部根据季度绩效考核结果确定分配办法，并经公司总经理审批同意后按分配办法发放。

(5) 由公司员工介绍的客户，经销售经理指定销售人员负责，提取1.0‰的佣金给该公司员工作为奖励，同时该套房计入销售人员的业绩，提取佣金为1.2‰。

(6) 每月公司按照国家相关规定从销售人员薪资中代扣应缴的个人收入所得税。

四、谈判工资制

谈判工资制作为岗位绩效工资制的一种补充，适用于特聘专业技术人才、高管人员、返聘人员。当岗位绩效工资制不能灵活适用于此类人员时，可按照市场行情及公司对人才的需求程度确定其包干工资，由集团CEO审批后执行。

根据需要，包干工资的数额可经正常程序由集团CEO审批同意后进行调整。

第三章 福利制度

一、社会保险

(1) 该项目适用于年薪制及岗位绩效工资制下的人员，谈判工资制下的返聘人员不享受。

(2) 各个公司根据国家及当地劳动保障部门的相关规定，为员工办理养老保险、失业保险、工伤保险、基本医疗保险、补充医疗保险、职工生育保险等险种。社会保险的投保标准以每月5日下发的工资表为准。

(3) 该标准将根据劳动保障部门公布的当地社会平均工资水平及投保基数范围，不定期进行调整。

(4) 上述保险的办理、领取手续按国家及当地政府的规定执行。

工资代码	社保标准（元）
G25	4000
G24	3900
G23	3800
G22	3700
G21	3600
G20	3500
G19	3400
G18	3300
G17	3200
G16	3100
G15	3000
G14	2900
G13	2800
G12	2700
G11	2600
G10	2500
G9	2400
G8	2300
G7	2100
G6	1900
G5	1700
G4	1500
G3	1250
G2	1000
G1	900

二、商业保险

公司在经济效益许可的条件下，按集团政策为全体员工办理雇主责任险。

三、住房公积金

(1) 此项适用于地产集团所有正式员工，不包括试用人员及时令工。

(2) 根据国家有关法律及当地政府的规定，由各公司自行按规定确定住房公积金交纳标准，并应向地产集团备案审批。

四、住房补贴

此项适用于集团所有人员。

1. 住房补贴标准

住房补贴视不同人员及不同地区而定，同一地区实行相同的住房补贴标准。具体见下表。

职务	二类地区标准（元）	一类地区标准（元）
地产集团未实行年薪制的公司领导	2500	3000
地产集团部门正副总经理（总工程师）、成员公司未实行年薪制的公司领导	1500	2500
地产集团各部门处室经理 成员公司部门经理	1000	2000
成员公司各部门处室经理	800	1500
其他正式员工	500	1000
试用人员	300	500
时令工	0	0

一类地区包括北京、上海、广州、深圳，除此之外，其他地区均为二类地区。住房补贴标准根据各地区的经济发展情况可进行调整，并按规定的审批程序报批同意后执行。

2. 住房补贴的享受条件

员工在外通过购房、租房或其他方式自行解决住宿的，可申请住房补贴；公司返聘的人员按谈判工资制谈定的住房条件执行，可按其岗位类别享受相应标准的住房补贴；实行年薪制的各类人员不能再额外享受住房补贴。

3. 住房补贴的发放程序

(1) 未享受住房补贴的员工，可向本公司人力资源部领取住房补贴申请表，按规定格式填写，经所在部门负责人签字后转人力资源部审核，经人力资源总监审批后即可享受。

(2) 公司人力资源部工资制表人负责住房补贴申请表的保存，作为享受住房补贴的依据，并按月在工资表中进行核算。

(3) 每月15日（含）前批准的，当月按整月享受；在15日后批准的，当月按半个月享受。

(4) 随员工的职务变化，住房补贴标准由人力资源部工资制表人自动调整执行，无须申请变更。

4. 住房补贴的扣发

(1) 长期住用公司自有、租用的宿舍或招待所的干部、员工，如已享受住房补贴或属于年薪制人员，应从中扣除房屋的部分租金、物业管理费及水电费（具体办法由宿舍或招待所管理公司的人力资源部根据实际发生额来确定扣除标准）；未享受住房补贴的可不再额外收取费用。

(2) 属于新员工、员工调动、异地工作等情况，到新单位报到的，在当地公司有宿舍、招待所并且入住的，第一个月为过渡期可免费居住；从满一个月后的月份起，15日及其以前的按整月从其住房补贴中扣发费用，15日以后的按半个月从其住房补贴中扣发费用。

(3) 当员工不再居住公司宿舍、招待所时，可不再从住房补贴中扣发费用，15日及其以前搬出的，当月不扣，15日以后搬出的，按整月扣发费用。

(4) 扣发程序

宿舍、招待所管理单位根据入住单，符合收取租金条件时向其工资关系所在公司人力资源部发代扣通知，明确代扣标准及起扣日期。

当入住人搬出宿舍、招待所时，有关管理单位应及时通知入住人工资关系所在公司人力资源部停止代扣租金。

五、通信补贴

（一）享受范围

通信补贴作为一项工作费用仅针对管理职位及特殊岗位上的人员发放，实行年薪制的各类人员除外。管理职位包括公司领导、部门正副经理、部门二级处室经理、项目组经理，特殊岗位包括领导秘书、领导司机、报建等外联性较强的工作岗位。

在管理职位上任代理职务的人员可按所代理职务的标准享受通信补贴。

（二）通信补贴标准

各类管理职位的通信补贴采用限额报销的形式予以补贴，具体报销限额标准具体见下表。

职　　务	月报销限额（元）
地产集团董事长	实报实销
地产集团副董事长	实报实销
地产集团首席执行官	实报实销
地产集团各类总监、首席执行官助理	实报实销
地产集团部门经理、成员公司总经理	1000
地产集团部门副经理、成员公司副总经理及各类总监及其他公司领导	800
地产集团各部门处室经理 成员公司部门经理	600
成员公司各部门处室经理	400

（三）特殊岗位通信补贴

特殊岗位上通信补贴报销标准及享受起止时间单报单批，集团总部由业务分管执行层领导审批；成员公司由公司第一负责人审批。

（四）通信补贴的报销

（1）享受通信补贴的人员，在报销额度内凭通信服务商提供的发票按月到财务实报实销，超出限额部分公司不予报销，低于限额时公司不补发差额。

(2) 所报销的通信费单据，其号码只限在公司通信录上公开的移动电话号码。

(3) 通信补贴的开始享受时间以公司正式的任职或定岗文件所下发月份开始享受。

(4) 职位、岗位发生变化，通信补贴自动变更；当不再符合享受通信补贴时应从下月起停止享受。

(5) 通信补贴的月报销限额只限当月有效，未用完额度不得截转至下月。

（五）附加条件

享受通信补贴的人员，必须24小时开机。年薪制人员由于通信补贴在制定年薪标准时已考虑在内，故也应24小时开机。

各公司人力资源部应不定期地检查通信畅通情况，对未保持畅通者视对工作的影响程度给予相应处分，轻则通报批评并扣发当月通信补贴，重则扣发1~3个月绩效工资。

六、交通补贴

（一）享受范围

地产集团范围内在职、在岗的集团部门经理(含副经理)以上干部及成员公司部门经理(含副经理)以上的管理人员。

（二）享受条件

上述范围内的人员自行解决上下班及工作期间的外联工作的交通问题时，才允许申请领用交通津贴。

已配备公司工作车辆、未明确配备但实占用工作车的管理人员不能享受交通津贴。

（三）发放标准

集团未实行年薪制的公司领导	2500元/月
集团部门总经理	2000元/月
成员公司未实行年薪制的总经理	1800元/月
集团部门副总经理（总工程师）	1600元/月
成员公司未实行年薪制的副总经理、财务总监	1600元/月

各成员公司部门经理	700元/月
各成员公司部门副经理	500元/月

（四）发放方式

符合享受条件的部门正、副经理及其以上人员、特批享受交通津贴的人员，其交通津贴按月随工资发放，由人力资源部统一制表，由财务部统一审核。

（五）发放原则

(1) 在集团和成员公司同时兼职的高层管理人员，按就高标准原则发放。

(2) 符合集团配备专车的干部且已配专车的，不再享受交通津贴。

(3) 享受年薪制的高层管理人员，不享受交通津贴。

(4) 因阶段性工作需要，其他人员需要发放交通津贴的，发放标准及发放期限要单报单批，各公司的由公司第一负责人审批，地产集团总部由地产集团分管执行层以上领导审批。

(5) 上述人员以外，如实际工作中确实需要外出，在无法使用公司公务车的前提下，经部门经理审批同意可乘坐出租车外出办事，但必须在费用发生的一周内提交报销单据，费用发生一周后转到计财部的不予报销。

(6) 部门零星发生的交通费累计报销额不得超出预算指标。

(7) 交通津贴的发放必须以正式任职文件或特批件为依据，交通津贴标准随职位的变化而变化。当职务不再符合享受交通津贴的条件，从正式文件下发的次月起，不再享受交通津贴。

(8) 凡符合规定已发放交通津贴的人员，因工作需要长期出差、出国学习、培训、住院或跨省探亲，从下月第一日算起，超过15天的，停发当月交通津贴。

(9) 已享受交通津贴的人员，经集团领导批准指定配备公司自有、租用、借用车辆的，从批准之日的次月起，停发交通津贴。

(10) 公司对已配备工作用车或无配备车实占用工作车的高层管理人员，已享受交通津贴的，本文下发的当月起停发交通津贴；从使用车辆之日起，已经发放的交通津贴，由各公司人力资源部从其工资中分次扣除。

(11) 如公司已配备工作用车或无配备车实占用工作车的高层管理人员停止对车辆的长期占用，则从下月起按标准享受交通津贴。

(12) 在工作地已配车或无配备实占用工作车的人员需长期在居住地以外跨省工作时，原工作地所配公车作为公司工作用车使用。如在新工作地继续使用集团内部的公车时，不应享受交通津贴；在新工作地未能继续享受用车待遇的，可按职务标准从到新工作地的次月起享受交通津贴，至回到原工作地为止。

七、工地津贴

根据地产集团的业务特点，因其工程所在地的条件艰苦程度不同，为体现差别及公司人性化管理的特点，特对设立工地补贴。

（一）适用人员

本项目只适用于在条件艰苦的工地上工作的项目组人员，具体如下。

1）条件艰苦要同时具备三个方面

(1) 住宿：不能在家或公司内部招待所住宿且一直住在工地的；

(2) 餐饮：工地附近没有就餐条件，并在工地上自办食堂解决就餐的；

(3) 交通：工地远离市区或未开通公交线路。

2) 项目组人员的界定以公司文件的规定为准

（二）发放标准

工地补贴的标准为每人30元/天。

（三）发放办法

(1) 各公司工程管理部工地补贴的享受人员名单由各公司工程或项目管理部门根据规定进行初选，各公司人力资源部对各项目组进行审核后确定实际享受人员名单。审核时应以审核单为依据。

(2) 工地补贴按实际在工地住宿天数发放，除国家法定节假日外，享受工地补贴后当天不再另计加班费。

(3) 当不再符合工地补贴享受条件时，由各公司人力资源部根据有关文件停止发放工地补贴。

工地津贴审核单

项目名称				项目所在地	
项目成立时间				项目成立文号	
申请人姓名	艰苦程度审核（简要描述）			到工地日期	是否享受
	住宿	餐馆	交通		
		制表：		审核：	

备注：停止发放时请将依据及停发人员名单在本栏处写明，人力资源部经理签字后生效。

八、加班费

（1）公司加班费的总体预算按公司年度工资标准总额的6%提取，由各公司人力资源部归口管理。

（2）除公司领导及部门正副经理以外，岗位绩效工资制下的员工才能享受加班费。

（3）公司不提倡加班，各部门需要加班的应各部门总经理安排并优先安排调休，无法调休时由各部门做好加班记录，在月底前将当月加班记录汇总，写明加班人、加班事由及加班时间，经部门经理审核转人力资源部汇总，经公司领导审批后转人力资源部在工资中发放。

（4）每月各部门上报的加班情况由公司领导根据加班费预算情况决定每月发放数额。当加班费超出公司预算时不再发放，年底节余数额纳入年终奖的发放基数。

（5）五一、国庆、春节等长假期间，公司应提前安排值班并报公司领导。安排值班的机关单位一般员工，前3天按60元/天、后4天按40元/天的标准发值班费；项目建设工地为赶工期继续开工的，现场工作人员按基础工资计算日工资标准，按国家规定发放加班工资；未开工但需要值班的，按机关单位值班费标准享受。

(6) 成员公司加班费的审批人为公司总经理，地产集团加班费的审批人为公司业务分管领导。

九、过节费

(1) 适用于岗位绩效工资制下的员工及谈判工资制人员，年薪制人员不享受。

(2) 发放标准：岗位绩效工资制下的员工及谈判工资制人员国庆节、五一节、春节发放标准为500元/人，元旦、中秋节、端午节发放标准为200元/人；时令工按标准减半发放。

(3) 过节费由人力资源部核定名单并随工资一并发放或以现金形式发放。

十、探望费

(1) 适用于各公司全体员工。

(2) 员工结婚按200元/人标准发放结婚礼金。

(3) 员工直系亲属去世按200元/次标准发放丧葬补助金。

(4) 员工生产或生病住院，按100元/次标准发放探望费或在此标准内凭票报销礼品费。

(5) 员工生日由公司发生日贺卡并按200元/人的标准发放生日贺金或在此标准内报销生日礼品费。

十一、伙食补贴

（一）目的

切实解决员工就餐难的问题，制定合理可行的福利政策，使员工充分感受到公司的关怀，增强员工对公司的认同感、责任感和使命感。

（二）适用范围

(1) 地产集团在册与各成员公司签订长、中、短期劳动合同，并在岗工作的正式员工。

(2) 地产集团在册并在各成员公司工作的返聘人员及试用人员。

（三）伙食补助计算标准

1. 时间计算标准

(1) 工作地为家庭所在地，按考勤出勤天数计算，每月最多不得超过

22日。

(2) 工作地为非家庭所在地，在外连续工作时间超过1个月的，按每月30日计算。

2. 费用计算标准

(1) 公司自办食堂。按每人/每日计算，北京7元/日，吉林5元/日，江苏5元/日标准。

(2) 集团内单位食堂就餐。按每人/每日天计算，北京5元/日，吉林4元/日，江苏4元/日标准。

(3) 不符合上述两种情况由员工自行解决就餐。按每人/每日计算，北京8元/日，吉林6元/日，江苏6元/日的标准。

(4) 各成员公司根据本公司的实际情况参照执行，但补助标准不得高于规定的标准。

（四）补助方式

(1) 公司自办食堂的员工就餐补助费由本公司财务按每月出勤人数，对照补助标准核算报销，程序报销依照集团的财务规定执行，其所在公司人力资源部备案。

(2) 在工作地无条件自办食堂，又不能在集团内食堂就餐的员工，经个人向所在公司人力资源部申请，经人力资源部审核后按自行解决就餐标准随工资一并发放伙食补贴。

（五）相关要求

(1) 地产集团鼓励各成员公司自办食堂。公司设兼职管理员，对人员、资金、安全进行专人管理，并建立相关台账，定期报其所在公司人力资源部备案。

(2) 自办食堂也可实行入伙人民主管理方式。由入伙人民主推选食堂负责人，并报其所在公司人力资源部备案。该负责人负责饮食卫生、财产完整和消防安全；该负责人可决定厨师的聘用和解聘，制定菜单，负责菜品和其他消耗品的采购、入库等食堂的管理工作；入伙人集资的现金由该负责人管理，其使用对照集团的财务规定，不按预算等行政方式管理，由食堂负责人决定收支，建立相关台账，接受入伙人的民主监督。

(3) 员工就餐费核算要严格按上述规定执行,任何个人及单位不得假报、多报，一旦发现严厉处罚。

十二、工伤人员待遇

员工因工作原因受伤或死亡，其相关待遇根据国家及当地有关工伤保险法律法规的相关规定执行。

十三、年终奖

由地产集团有限公司根据整体工资总额考核结果来确定总额度，确定发放标准后发放。

案例笔记

（二）绩效考核：某集团中高层管理干部绩效考核办法（节选）

请思考：

1. 该集团运用的何种考核思想？

2. 该集团的考核指标是否具有相关性、可测量性、可控性？

3. 该集团的考核结果的运用是否能对绩效管理起到改进和提升的作用？

4. 该集团的考核的前期铺垫型工作、考核实施的组织保障工作是否得力？

5. 该集团的考核制度是否具有可操作性？需要在哪些方面改进？

集团背景介绍：集团为多元化产业集团，以商业地产开发为主，项目覆盖全国各地，随着项目的扩张，年度开竣工面积达500多万平方米，集团采取四级管理体制：集团总部、区域公司、区域分公司、项目公司。随着管理人员的增加，集团没有系统科学的考核体系，导致无法衡量核心管理干部的工作业绩，集团的经营目标无法定期达成。为了强化集团管理职能，经董事会研究决定，成立绩效考核委员会，对集团中高层干部定期进行述职并考核。考核具体办法如下。

总则：为建立科学的绩效管理制度，确保集团经营管理目标的实现，提升中高层管理干部整体素质，客观评价中高层管理人员的工作业绩，充分发挥每位管理者的积极性和创造性，为其薪酬分配、职务晋职晋级、岗位调动、期权激励、奖惩、培训等提供依据，特制定本制度。

一、考核目的

(1) 建立全体管理人员参与、层级负责的管理模式。

(2) 通过绩效考核促进上下级沟通和各部门间的相互沟通协作。

(3) 通过考核规范作业流程，提高集团的整体管理水平。

(4) 通过客观评价中高层管理人员的业绩、能力、价值观和沟通协作要素指标，帮助管理者提升自身工作水平，从而有效提升公司的整体绩效。

二、适用范围

本办法适用于集团中高层管理人员，具体包括：集团总裁/副总裁、三总师；各运营中心总经理/副总经理；各区域公司管理总部经营班子；各专业公司经营班子；各项目公司董事长/总经理，具体人员名单以集团正式聘任为依据，但不包括下列人员：

(1) 处于试用期及转正日期处于考核周期前半部分的新进人员；

(2) 经公司认定，个人严重违反公司规章制度的中高层管理人员，其违规违纪行为正在处理调查之中的；

(3) 经绩效考核委员会认定不参与考核的其他人员。

三、考核原则

(1) 严肃性原则：经营目标是当期工作的行动纲领和考核依据，必须严格执行，一经设定，原则上考核当期不做调整；

(2) 计划性原则：考核以计划管理为基础，做到考核期末评分有依据，使考核指标与企业期初的经营管理目标相匹配；

(3) 客观性原则：考核指标以定量指标为主，要做到用数据和事实说话，对被考核者的任何评价都应有明确的评价标准与客观事实依据。

四、考核周期

考核周期分为季度考核和年度考核。考核时间规定如下：

(1) 季度考核在每季度初第一个月的15日前完成对上个季度的考核。考评人或考评单位须在每个季度第一个月5日前上报考评述职和表格。

(2) 年度考核于次年元月15日前完成，考评人或考评单位须在元月5日前上报考评述职和表格。

五、考核指标

（一）考核指标

考核主要包括四类指标，即业绩、能力、价值观、沟通协作。

(1) 业绩指标：指以集团下达的全面预算指标为依据。

(2) 能力指标：指被考核者完成其岗位工作所需的岗位技能。

(3) 价值观指标：指被考核者能否本着组织利益至上的原则，认同本企业的文化及对公司有强烈的归属感。

(4) 沟通协作指标：指管理者能否积极主动地支持、配合相关业务单位开展工作，不推诿扯皮、打空拳。

（二）指标权重分配

	业绩	能力	价值观	沟通协作	备注
集团总裁/副总裁、三总师	50%	20%	20%	10%	业绩指标：集团业绩指标占50%，个人分管单位业绩占50%
集团各运营中心总经理/副总经理	40%	20%	10%	30%	
各区域公司经营班子	50%	20%	20%	10%	业绩指标：区域公司整体业绩指标占50%，个人分管单位业绩占50%
各专业公司经营班子	50%	20%	20%	10%	业绩指标：公司整体业绩指标占50%，个人分管单位业绩占50%
各项目公司董事长/总经理	50%	20%	20%	10%	

说明：指标权重根据集团发展而适时适度进行调整。

六、考核方式

考核方式均采用上级、同级和下级三个层面270度的考评方式。根据指标性质不同，不同层面对不同指标评价的权重不同。中高层绩效考核方式及权重分配见下页图。

七、考核评定

单项指标考核评定结果分为三档，即A（优良）、B（合格）、C（不足），其中B=0.75A；C=0.5A。

评定等级定义如下。

A（优良）：显著超越目标，成绩卓越。

B（合格）：基本达成目标，并略有超越，成绩一般。

C（不足）：未达成目标，明显存在不足，成绩较差。

八、考核结果的运用

（一）季度考核

（1）季度绩效工资的计算。考核结果以A为基准，若季度考核成绩为0.85A以上，全额发放绩效奖金；若季度考核成绩为（0.6A～0.8A），按系数计发绩效工资；若季度考核成绩为0.6A以下，绩效奖金为0，若连续两次出现此种情况，则对其进行岗位调整。

业绩评价

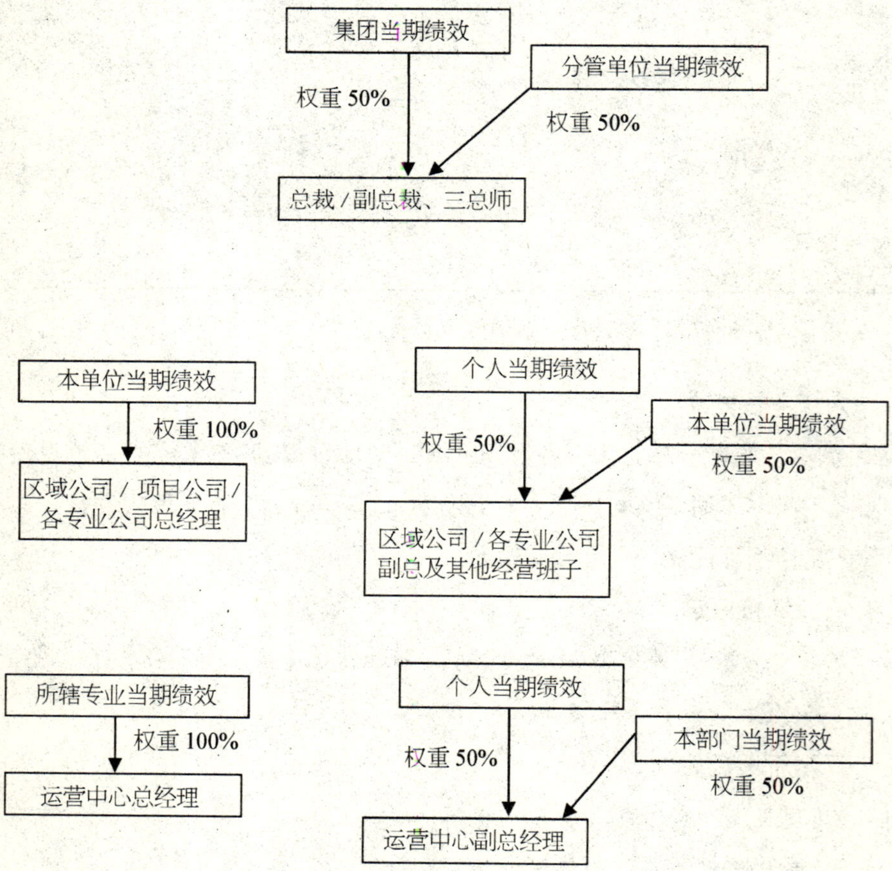

价值观评价

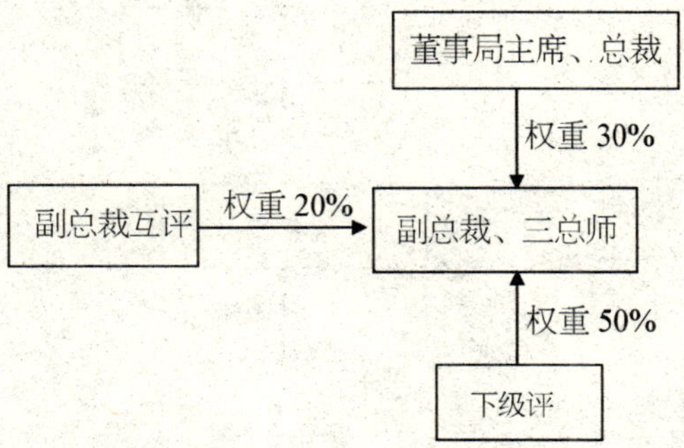
董事局主席、总裁
权重 30%
副总裁互评
权重 20%
副总裁、三总师
权重 50%
下级评

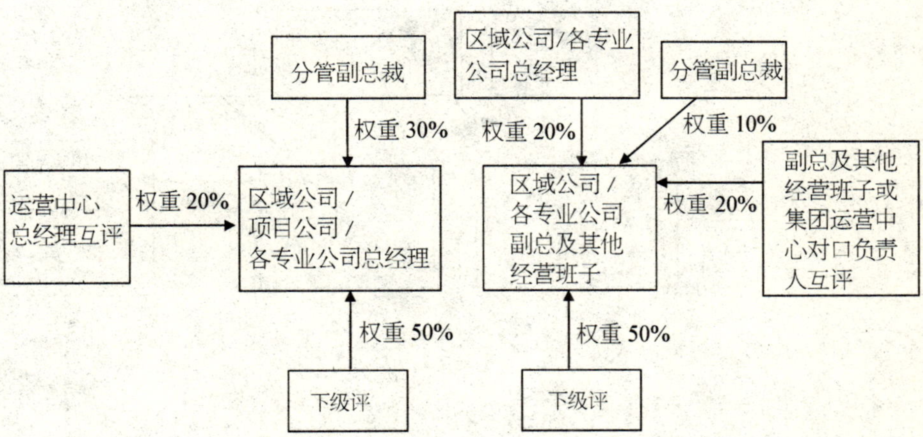
分管副总裁
权重 30%
运营中心总经理互评
权重 20%
区域公司/项目公司/各专业公司总经理
权重 50%
下级评
区域公司/各专业公司总经理
权重 20%
分管副总裁
权重 10%
副总及其他经营班子或集团运营中心对口负责人互评
权重 20%
区域公司/各专业公司副总及其他经营班子
权重 50%
下级评

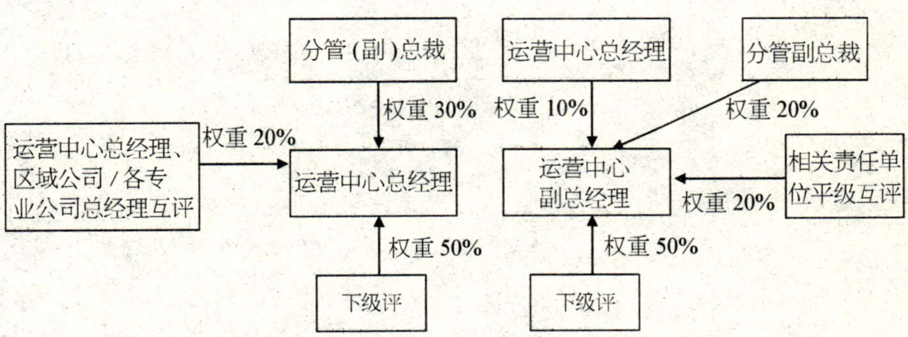
分管（副）总裁
权重 30%
运营中心总经理、区域公司/各专业公司总经理互评
权重 20%
运营中心总经理
权重 50%
下级评
运营中心总经理
权重 10%
分管副总裁
权重 20%
相关责任单位平级互评
权重 20%
运营中心副总经理
权重 50%
下级评

能力评价

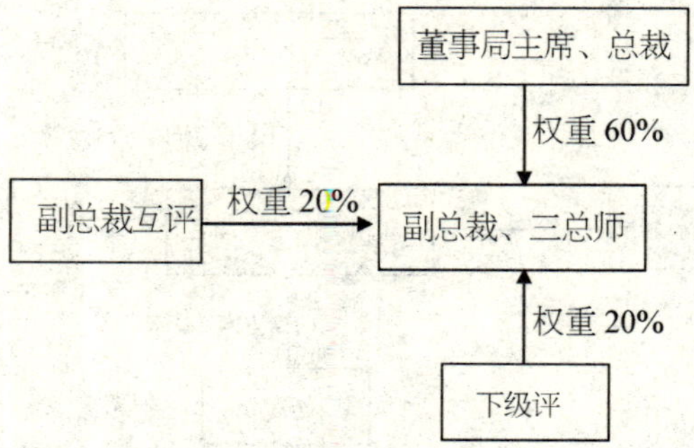
董事局主席、总裁
权重 60%
副总裁互评
权重 20%
副总裁、三总师
权重 20%
下级评

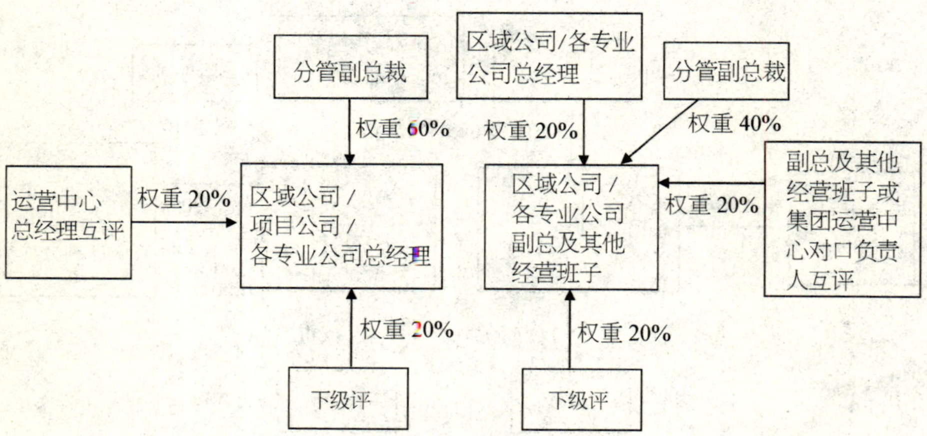
分管副总裁
权重 60%
运营中心总经理互评
权重 20%
区域公司/项目公司/各专业公司总经理
权重 20%
下级评
区域公司/各专业公司总经理
权重 20%
分管副总裁
权重 40%
副总及其他经营班子或集团运营中心对口负责人互评
权重 20%
区域公司/各专业公司副总及其他经营班子
权重 20%
下级评

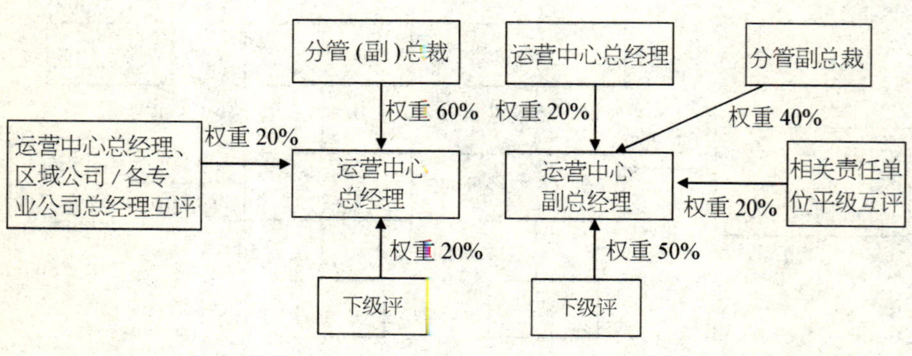
分管(副)总裁
权重 60%
运营中心总经理、区域公司/各专业公司总经理互评
权重 20%
运营中心总经理
权重 20%
下级评
运营中心总经理
权重 20%
分管副总裁
权重 40%
相关责任单位平级互评
权重 20%
运营中心副总经理
权重 50%
下级评

沟通协作评价

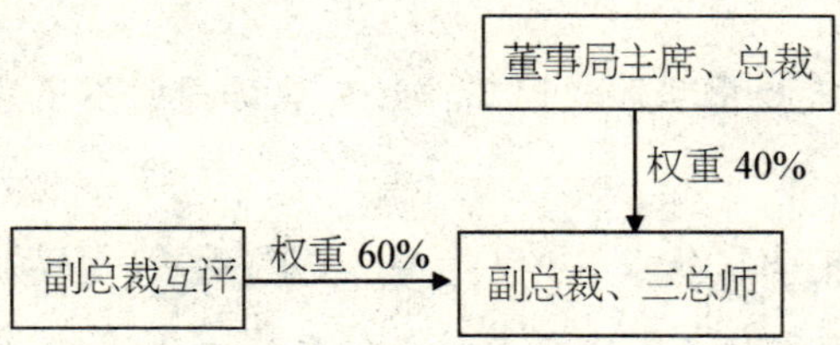
董事局主席、总裁
权重 40%
副总裁互评
权重 60%
副总裁、三总师

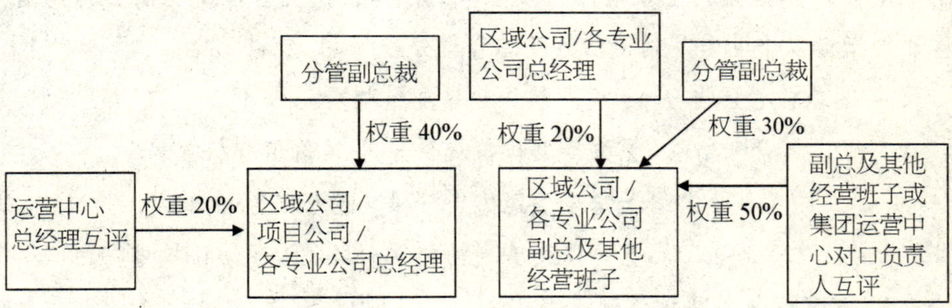
分管副总裁
区域公司/各专业公司总经理
分管副总裁
权重 40%
权重 20%
权重 30%
运营中心总经理互评
权重 20%
区域公司/项目公司/各专业公司总经理
区域公司/各专业公司副总及其他经营班子
权重 50%
副总及其他经营班子或集团运营中心对口负责人互评

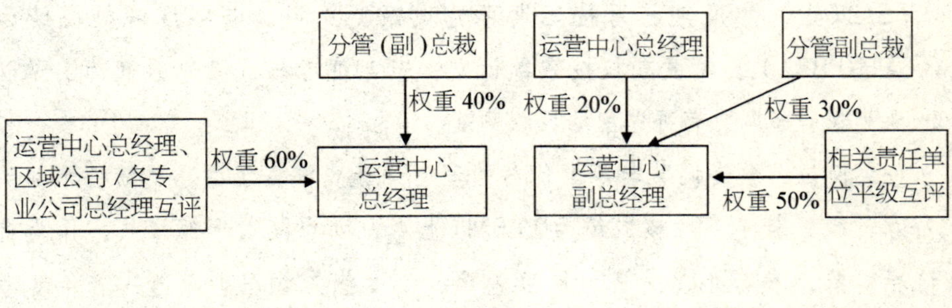
分管(副)总裁
运营中心总经理
分管副总裁
权重 40%
权重 20%
权重 30%
运营中心总经理、区域公司/各专业公司总经理互评
权重 60%
运营中心总经理
运营中心副总经理
权重 50%
相关责任单位平级互评

(2) 综合评价。集团根据个人各项指标考核情况得出综合得分和综合评价。评价结果反馈至各单位分管（副）总裁，由主管（副）总裁负责向所分管单位经营班子成员作绩效反馈。同时，集团将考核分值在内部OA信息平台、内刊上予以公布。

(3) 考评期间个人提出辞职或因工作过失被辞退的不予发放绩效工资。

（二）年度考核

1）年度考核结果的计算

年度考核主要是对中高层管理干部本年度的工作业绩、工作能力、价值观、沟通协作进行全面综合考评。其中年度业绩指标以集团对各单位下达的年度全面预算指标、督导指标为最基本的依据；年度价值观、能力和沟通协作评价指标以季度为基础得出年度综合得分。

年度综合考评得分=年度业绩得分×业绩权重+
∑每季度价值观得分/4 ×价值观权重+
∑每季度能力得分/4×能力权重+
∑每季度沟通协作得分/4×沟通协作权重

2) 年度考核结果的体现

依据考核结果的不同，公司做出不同的奖惩决定，分为以下几类。

(1) 期权激励。期权分配：考核结果以A为基准，若年度考核成绩为0.85A以上，年度期权可按当期可兑现额度兑现；若年度考核成绩为（0.6A～0.85A），年度期权按系数计发；若年度考核成绩总系数为0.6A以下，自动取消当期所有可兑现的期权额度。

(2) 岗位、薪资调整与年度优秀管理者评选。根据年度总成绩将干部队伍分为三级：若年度考核成绩为0.85A以上者，列为核心干部梯队，作为重点培养对象，参与年度薪资、岗位调整、年度优秀管理者评选；若年度考核成绩为（0.6A～0.85A）者，将列为后备干部梯队，并根据《干部谈话制度》定期谈话，关注其绩效改进状况，同时根据工作需要调岗；若年度考核成绩为0.6A以下者，由主管领导会同人力资源部进行谈话诫勉，并根据具体情况决定是否降岗降薪直至终止双方劳动关系。原则上三级的比例为：

20%：60%：20%。

(3) 董事局主席奖励基金。年度考评中有特殊贡献的管理人员且年度考核成绩在0.8A以上的中高层管理者，由董事局主席根据具体情况予以奖励。

(4) 培训开发。针对年度考核成绩，公司提供不同的培训。年度考核成绩总系数在0.85A以上者，优先列为享受外部培训或进修的对象；年度考核成绩在0.85A以下者，由集团人力资源部协同其直接上级对其进行针对性强化培训，帮助管理者改善绩效。

(5) 年度考核成绩将作为干部聘期考核的重要依据。

九、考核组织结构及职责划分

1）绩效考评委员会

绩效考评委员会是集团公司考核的最高决策机构，承担以下职责：

(1) 考核制度及相关制度修订的审批；

(2) 季度和年度考核结果的评议和审批；

(3) 中高层管理人员工资的调整和考核等级比例的确定；

(4) 员工考核申诉的最终处理。

2) 集团人力运营中心

考核工作具体组织执行的常设机构，主要负责：

(1) 对考核各项工作进行组织、培训和指导；

(2) 对考核过程进行监督与检查；

(3) 汇总统计考核评分结果，形成考核总结报告；

(4) 协调、处理各级人员关于考核申诉的具体工作；

(5) 对季度、年度考核工作情况进行通报；对考核过程中不规范行为进行纠正、指导与处罚；

(6) 为员工建立考核档案，作为薪酬调整、职务升降、岗位调动、培训、奖励惩戒等的依据。

3) 绩效信息收集单位职责

(1) 财务运营中心在考核周期内对各单位进行财务分析、预算执行差距分析比较；

(2) 项目管理中心在考核周期内对项目的质量、进度、安全、文明施工、五证取得情况、营销管理等存在的问题进行分析汇总；

(3) 投资管理中心结合宏观环境、行业动态、项目投资规划等，对当期产生差距的原因进行分析。

4) 参与考评的各单位职责

(1) 负责帮助本单位管理人员制订工作计划、任务考核指标；

(2) 参与各单位的互评，及时上交考核报表；

(3) 负责绩效考核结果的传达和反馈，提出相应的绩效改进计划。

十、绩效考核的流程见附录1

十一、绩效考核的申诉及受理

1) 提交申诉

被考评人如对考评结果不清楚或者持有异议，可以采取书面形式向人力资源部提出申诉或将申诉书提交分管副总裁、总裁。申诉书内容包括：申诉人姓名、部门、申诉事项、申诉理由。

2) 申诉受理机构

绩效考评委员会是员工考评申诉的最终机构。集团人力资源部是考评工作的日常办事机构，一般申诉由人力资源部负责调查协调，提出建议。人力资源部内部申诉上报绩效考核委员会受理。

3) 申诉受理

集团人力资源部接到员工申诉后，在三个工作日做出是否受理的答复。对于申诉事项无客观事实依据，仅凭主观臆断的申诉不予受理。

受理的申诉事件，首先由人力资源部对员工申诉内容进行调查、核实、协调，不能协调的，人力资源部上报考评委员会处理。

申诉处理答复：集团人力资源部在接到申诉申请书的十个工作日内明确答复申诉人；人力资源部不能解决的申诉，应及时上报处理，并将进展情况告知申诉人。考评委员会在接到申诉处理记录后，一周内必须就申诉的内容组织审查，并将处理结果通知申诉人。详细表格及流程见附录2。

附录 1

绩效考核流程

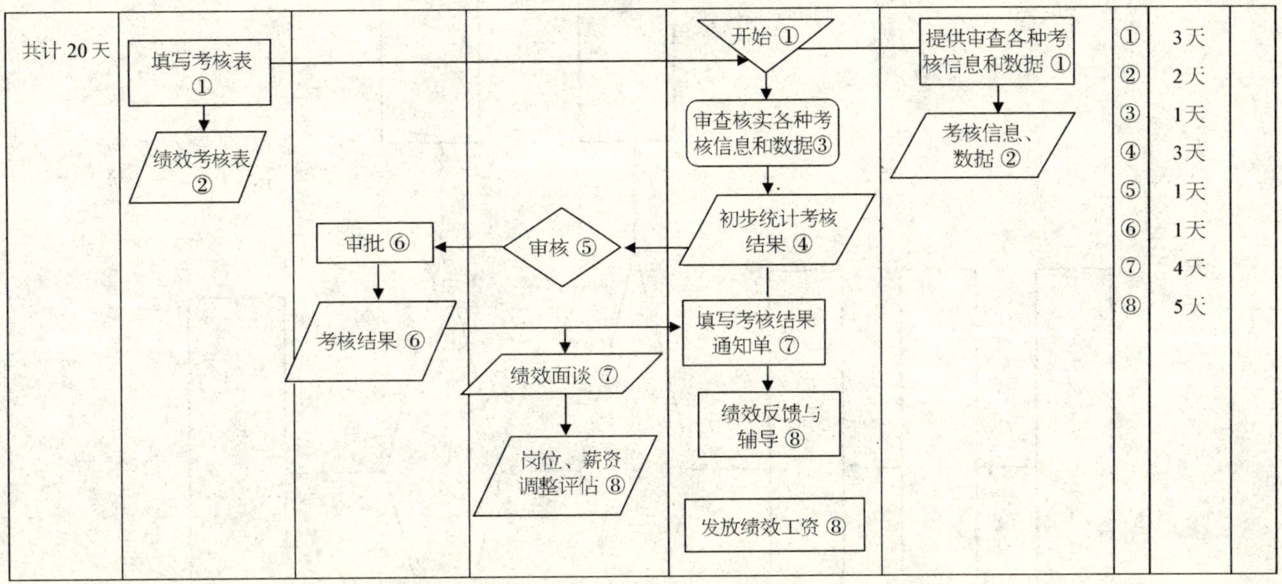
共计 20 天
填写考核表 ①
绩效考核表 ②
审批 ⑥
考核结果 ⑥
审核 ⑤
绩效面谈 ⑦
岗位、薪资调整评估 ⑧
开始 ①
审查核实各种考核信息和数据③
初步统计考核结果 ④
填写考核结果通知单 ⑦
绩效反馈与辅导 ⑧
发放绩效工资 ⑧
提供审查各种考核信息和数据 ①
考核信息、数据 ②
① 3天
② 2天
③ 1天
④ 3天
⑤ 1天
⑥ 1天
⑦ 4天
⑧ 5天

附录 2

申述流程

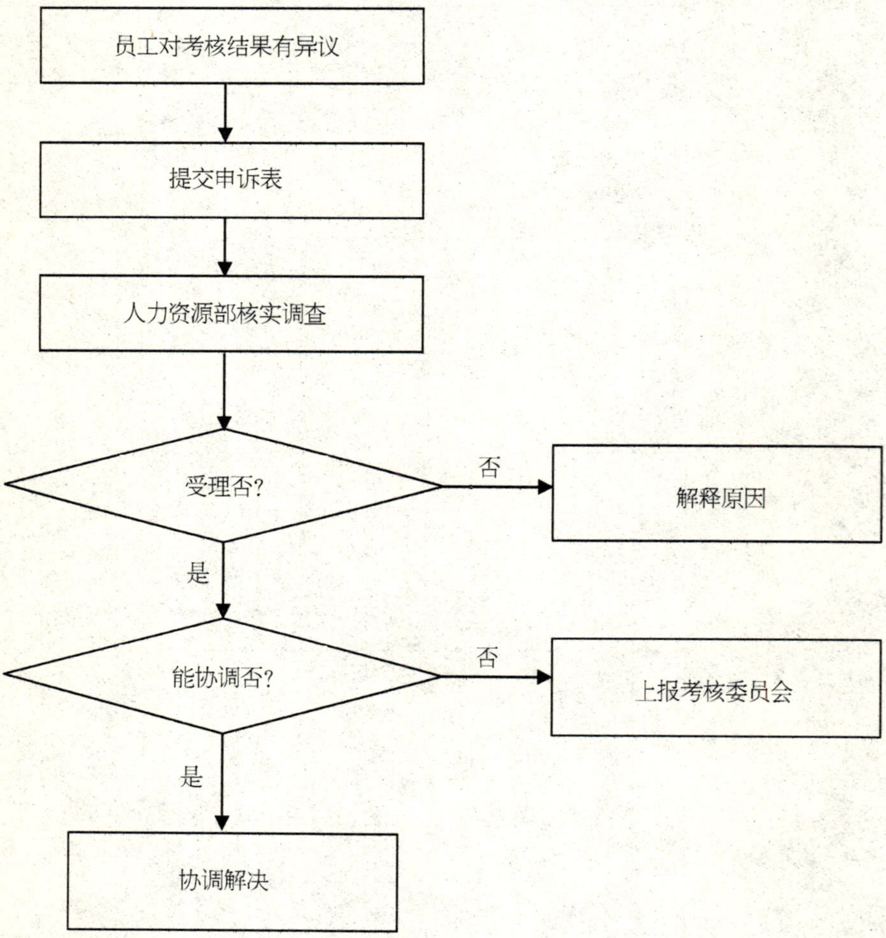
员工对考核结果有异议
提交申诉表
人力资源部核实调查
受理否?
否
解释原因
是
能协调否?
否
上报考核委员会
是
协调解决

考核申诉表

申诉人姓名		所在部门		岗位	
申诉事项					
申诉事由					
接待人				申诉日期	

考核申诉记录表

申诉人姓名		部门		职位	
申诉事项					
申诉原因摘要					
面谈时间				接待人	
处理记录	问题简要描述:				
	调查情况:				
	建议解决方案:				
	协调结果:				
经办人:					
备注:					

案例笔记

Chapter 05 第5章

能力系统

跑道系统和动力系统解决了跑道和动力问题，但是员工有可能还是跑不起来，这就涉及员工素质能力和组织整体能力的问题了。

员工的整体素质和能力跟不上商业模式所需的核心组织能力，必定会影响和拖累组织的整体战斗力和凝聚力。如何构建、配置一个整体素质能力较强的组织和团队呢？如何让组织里跑得最慢的员工不落伍呢？本章主要从三方面进行讨论。

选对人，做对事

窝火点

人力老总：用谁不用谁，各层级的考察官各有各的口味，各有各的看点；核心关键岗位人才变动频繁，人才能力素质不符合要求，拖累了项目，耽误了做事进程……最后大家把责任更多地归集于人力资源部，抱怨人力资源部没选好人，是人出了问题。

方向

在用人时，请一定要记住：选择比改造更重要。要选对人、用好人、育好人。老板、业务老总、人力老总三个角色在这三面要有分工和沟通协作，要有各自的看点、关注点和责任。

另外，人员选择和商业模式也是有直接联系的。请分析此逻辑：**客户量决定经营目标，目标决定战略，战略决定领导，领导决定团队，团队决定业绩**。因此，从源头分析，每个层面的人才标准都是与商业模式和战略目标分不开的。否则选择的员工不是“资产型”员工，而是“负债型”员工，将导致企业付出多倍成本。

方法

选人的方法很多，要综合地去看一个人，不能凭感觉，应该进行原点思考：选对人的前提，是看他应该做对哪些事，即应对其岗位进行岗位职责分析。岗位职责分析不清楚，如何去选人呢？如何对人进行培养呢？如何薪酬定价呢？如何考核呢？如何设计他的职业发展呢？

因此岗位分析是何等重要！首先，让我们先来分析如何“做对事”。

1. 做对事

我们都知道，岗位职责无外乎包括三个方面的内容：**日常例行工作、阶段性专项工作和临时性工作**。日常例行工作是静态的（常态），必须根据岗位分析来提炼；阶段性专项工作和临时工作是动态的，只能根据经营管理的实际需要进行动态发布。

请注意：哪怕日常例行工作是静态的（常态），但随着商业模式和经营管理的阶段性变化，例行工作的内容也是要随机调整的；另外，由三方面综合提炼的岗位职责是否合理，要根据三个指标进行检验：**工作量是否饱和、工作结构是否合理、工作强度分布是否均匀，**否则在选人的时候做不到匹配更做不到相对精准。

言归正传，如何进行例行工作内容的岗位分析呢？岗位分析的方法很多，在实际工作中如何更好地对其进行提炼呢？这里分别举一个管理岗位和业务岗位的例子。

管理岗位：以汽车子公司总经理岗位为例。

大家知道，汽车子公司的业务主要包括卖车和售后服务两大部分，作为一个店总，他应该做哪些事呢？

假想客户买车的全过程，经过对业务流程的梳理和对职能的深度解剖，经营一个汽车子公司要做的事情非常多。作为店总，他是经营管理的一把手，理应对经营负全责，可是面对这个庞大的系统，又不可能每件事情都做到事必躬亲，因此我们按照每件事情的关键细节过程必须由店总把控，每件事情的完成都有“计划、组织、协调、控制”四个基本职能这样的思路，根据店的实际情况提炼出其管控的点，可制成“纵向表示业务职能，横向表示完成职能所需的管理过程”矩阵图。这样店总的岗位职责就被基本制定出来了。请见表6中打“√”的事项。

表6

职能的纵向分解（基于4S店业务价值链（业务主流程）的二级职能分解，并将二级职能分解为彼此相对立而又相互联系的三级职能模块。）

职能的横向分解（按照工作的性质“决策性质、执行性质、管理性质”，用PDCA（计划、执行、检查、反馈）进行横向分解，使各项职责具体化、可操作。）

一级职能		二级职能	三级职能	组织计划 (P)							执行 (D)							协助配合 (D)							指导监控 / 审核审批 (C)							分析改进 (A)						
				时间				做什么事	使用表单或系统	考核点	时间				做什么事	使用表单或系统	考核点	时间				做什么事	使用表单或系统	考核点	时间				做什么事	使用表单或系统	考核点	时间				做什么事	使用表单或系统	考核点
				日	周	月	季度				日	周	月	季度				日	周	月	季度				日	周	月	季度				日	周	月	季度			
完成厂商及投资人的指标要求		整车销售	1.销量			√		可售库存分析/市场分析判断																	√				销售流程									
			2.定价																							√2次			了解市场价格、周边店同品牌价格、重点客户对目前价格的认可度	《各车型市场价格调查表》			√2次			调整、控制		
			3.自店库存 / 本地区库存																							√1次			了解各车型库存情况	《到货管理表》								
			4.营销计划			√		营销方式和预算																		√			关注到店量、进店量					√		营销方案效果分析		
		维修	1.保有客户量																								√		关注客户满意度/销售量									
			2.进厂台次																													√				计划到店客户追踪记录		
			3.各业务项单台收入																							√			收入是否合理并且是否在计划标准内									

一级职能	二级职能	三级职能	组织计划 (P)							执行 (D)							协助配合 (D)							指导监控/审核审批 (C)							分析改进 (A)							
			时间				做什么事	使用表单或系统	考核点	时间				做什么事	使用表单或系统	考核点	时间				做什么事	使用表单或系统	考核点	时间				做什么事	使用表单或系统	考核点	时间				做什么事	使用表单或系统	考核点
			日	周	月	季度				日	周	月	季度				日	周	月	季度				日	周	月	季度				日	周	月	季度			
完成厂商及投资人的指标要求	业务类	置换	1.留资量																					✓				考核									
			2.达成率																					✓				考核									
		保险	1.新车投保率																							✓		考核					✓		看报表、保险知识培训、洽谈技巧		
			2.续保率																							✓		考核				✓			续保流程执行		
			3.保险回款																							✓		吩咐财务/监督考核									
			4.保险业务量			✓		外车型事故车进店量																													
		消费信贷	1.业务推广			✓		业务推广计划																													
			2.达成率			✓		考核																								✓			客户分析与培训		
		零备件	1.库存量																							✓		占有资金量									
			2.周转率																							✓		占有资金量									
			3.供应率																							✓		库存结构是否合理									
		精品装饰	1.新车单台着装金额																							✓		考核									
			2.精品品种数量																															✓	与经销车型匹配、客户需求匹配		
			3.精品定价	✓				定价是否合理																													
		救援																																			
		改装																																			
		用车服务																																			
		展览展示																																			

一级职能		二级职能	三级职能	组织计划 (P)							执行 (D)							协助配合 (D)							指导监控 / 审核审批 (C)							分析改进 (A)						
				时间				做什么事	使用表单或系统	考核点	时间				做什么事	使用表单或系统	考核点	时间				做什么事	使用表单或系统	考核点	时间				做什么事	使用表单或系统	考核点	时间				做什么事	使用表单或系统	考核点
				日	周	月	季度				日	周	月	季度				日	周	月	季度				日	周	月	季度				日	周	月	季度			
完成厂商及投资人的指标要求	支持类	人事	1.主管以上人员工作背景及能力																						✓				HRP系统审批									
			2.人员流失率																																			
			3.培训计划				✓	组织推动																														
			4.考核				✓	组织推动																														
			5.员工活动和企业文化建设																																			
		财务	1.资金管理	✓				自由资金余额/各信贷银行敞口/资金计划的前瞻性																								✓				查看资金系统		
			2.预算			✓																																
			3.资产负债状况																								✓		数据是否合理/库存/应付账款/应收账款									
			4.流动资金管理报表																							✓			关注报表资产总量/结构/周转									
			5.经营活动成果（损益表）																								✓		收入/毛利/费用									
		行政	1.基础设施保障（运营）																																			
			2.服务																																			
		CR	1.客户满意度调查回访			✓		回访量及规划																									✓			分析改进		
			2.进店量及电话量																														✓			分析改进		
	管理类（整个公司/团队）	计划	公司月度工作整体计划			✓		工作任务下达																		✓			检查、监控				✓			动态调整分析改进		
		会议系统（含回报系统）	店会议		✓	✓	✓	组织会议并形成会议纪要决议/执行																														
			集团会议			✓	✓	组织					✓	✓	分配、监督执行																							
			厂商会议			✓	✓	组织																														
		管理制度	公司基本管理制度			✓	✓	组织																														
			财务制度										✓	✓	执行																							

业务岗位：以汽车子公司售后服务前台（SA）为例。

SA，相当于医院的医生，需要对售后服务的车辆进行诊断，这个岗位应该做哪些事呢？经过对业务流程的梳理（图12），可提炼出图13所示岗位职责。

2. 选对人

做到了做对事，即明确了岗位职责后，如何选对人与之匹配呢？这个非常重要，因为选择比改造更重要，有了选择的标准，企业人才就不会堆积泥沙。

德才兼备，是历代政治家和军事家选人的唯一标准。才，即能力，是做对事的必要条件，但德是做对事的保障。

古代的一些识人的方法对企业人才选择有很好的借鉴价值。如诸葛亮选人的“七观法”：问之以是非而观其志；穷之以辞辩而观其变；资之以计谋而观其识；告之以祸难而观其勇；醉之以酒而观其性；临之以利而观其廉；欺之以事而观其信。唐代魏征的“六观法”：贵则观其所举；富则观其所养；居则观其所好；习则观其所言；穷则观其所不受；贱则观其所不为。孙子兵法中提出的军人五德：“智、信、仁、勇、严”。

作为企业，作为一个商业组织，如何选对人，从而把事做对呢？大的标准也是德才兼备。在企业组织的六大基本职能（人事、财务、研发、生产、供应、销售）所需人的素质能力中，德才标准是有一定区别的，因此应针对六大职能所做的事（岗位职责）挖掘素质能力模型。对六大职能中的初、中、高级人员的素质能力，我们可以关注共通的五点：**智商、情商、经验、潜力、职业道德**。不过这五点对不同层级的人侧重有所不同，详见图14。

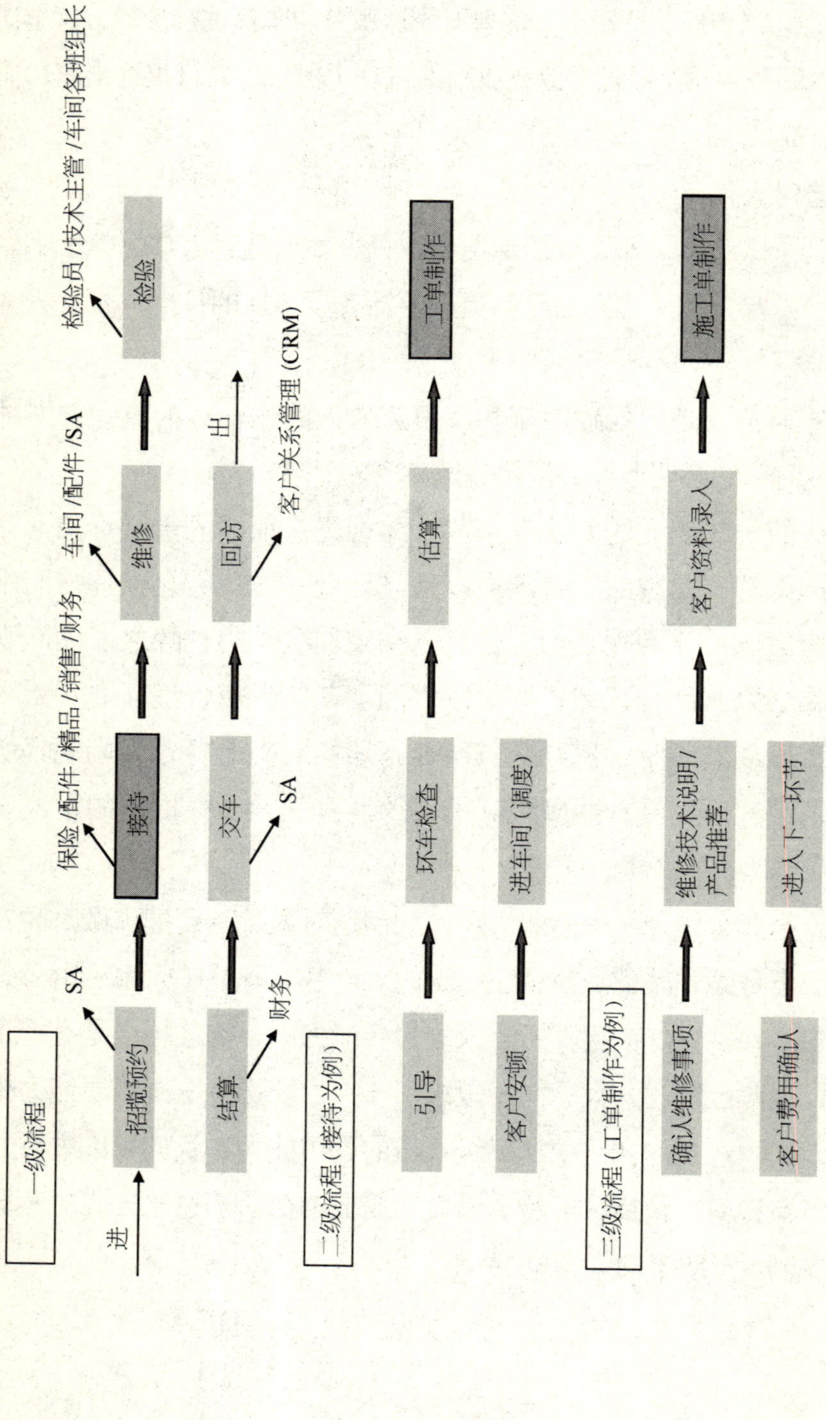
一级流程
进
招揽预约
SA
接待
保险/配件/精品/销售/财务
维修
车间/配件/SA
检验
检验员/技术主管/车间各班组长
结算
财务
交车
SA
回访
客户关系管理（CRM）
出
二级流程（接待为例）
引导
环车检查
估算
工单制作
客户安顿
进车间（调度）
三级流程（工单制作为例）
确认维修事项
维修技术说明/产品推荐
客户资料录入
施工单制作
客户费用确认
进入下一环节

图12

SA岗位职责

职责	考核点	流程/表单
1. 预约	预约率	1. TACT系统
2. 接待（见图12中的接待流程）	流程考核方式	2. i-crop系统
3. 结算	费用、工项出错率	3. 售后业务实施表
4. 交车	客户确认率	4. 保险维修报表
5. 保险（依据定损单开维修单）	有无定损单	5. 大事故车统计表
6. 配件（通知配件出库）	出库准确率（与定损单）	6. 维修进度表
7. 精品	销售毛利	7. 环车检查单
8. 车间（协助跟进进度，增减维修项目）	增减反馈及时性/协调及时性	
9. 销售	销售毛利	

图13

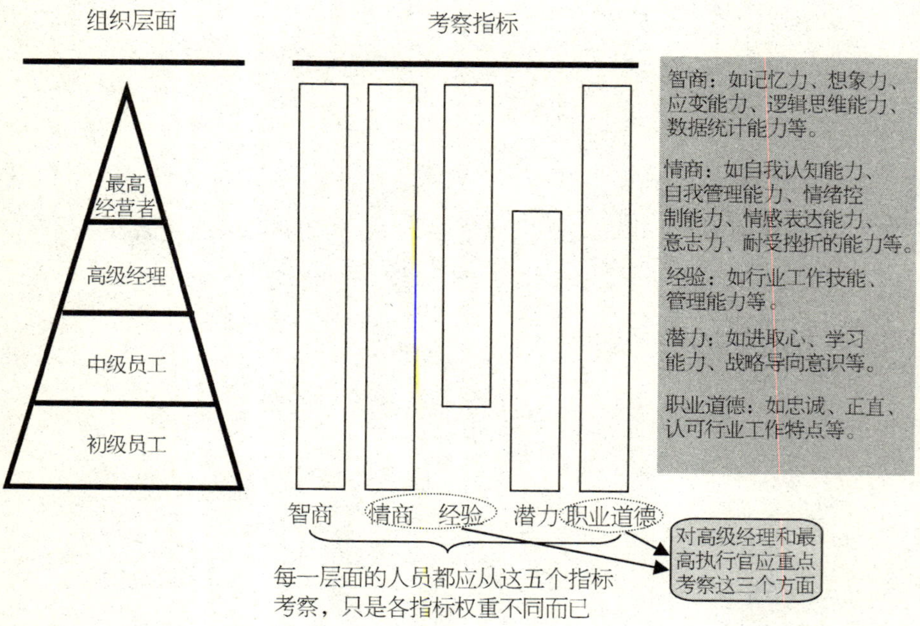

图14

针对以上五个考核指标，可以分别寻找适合的测评工具进行测评，在此不再赘述。

对于高层人员的考察要重点关注：情商、经验和职业道德三个方面。在情商方面要重点考察其是否具有坚定的职业意志；经验方面应重点考察其是否具备带兵打仗的组织管理经验；职业道德方面需重点考察其是否有正确的价值追求，坦率真诚的人格和"以公胜私"、组织利益至上的品德。如果高层人员拥有相当的资源（人脉资源、资本资源等）能为企业所用当然更好。一个企业再好好不过它的高层，一如金字塔再高高不过它的塔尖。这就是说，高层的思维、知识和能力，构成了企业成长的极限。因此企业高层的选拔和培养对组织效能的推动至关重要。否则造成的破坏性不可想象。**没有不好的士兵，只有不好的将军；没有不好的员工，只有不好的领导**。因此，如果采用末位淘汰制，首先应该是领导人的末位淘汰，然后是中层干部的末位淘汰，最后才是员工的末位淘汰。员工是无罪的，领导必须做好。

中层人员在企业管理中，起着承上启下的作用，相当于足球场上的中场球员，做好工作不容易，因此对中层人员的考察除了要关注其是否具备良好的经验技能，更重要的还是要考察其情商方面，如是否具有很好的沟通能力等，否则其对工作的推动很困难，只能夹在中间两头受气。

对于基层人员应重点考察其智商、情商和潜力，只要其有良好的综合素质和较强的专业执行力即可。

另外，对于人的性格习惯的考察，还可以从血型、星座、笔迹等辅助方式参考判断。

读书笔记

人才的配置使用

人选对了，如何对其使用呢？这里应注意两点。

1）使用的原则

一是用其所长，因为人无完人；二是用人不疑。**有些老板说"疑人也用，用人也疑"，这是由于他在当初选人时对自己的不自信，或者是在用人的过程中没有做到良好的过程管理所致。这样用人，导致的损失最后还得由公司自己承担。**

2）个体与团队组织的匹配

在对个体进行配置时，要考虑团队的搭配。因为，只要有三个人形成的团队里，就有可能形成六对矛盾。处理不好这些优势互补的关系，不但使得个人的能力无法发挥，甚至会削弱整个团队的整体能力。因此，在团队搭配时要注意**知识互补、能力互补、性格互补、年龄互补、资源关系互补的原则**。我想这样配置才会收到事半功倍的效果。

读书笔记

培训开发

窝火点

老板：培训什么？培训的效果如何检测？虽然知道培训的重要价值，但是很难下手操作啊！

人力老总：靠人力资源部门驱动，缺乏领导的支持与投入。

业务老总：靠我驱动，过分依赖我的喜好，大家也不满意啊！

员工：瞎培训，耽误时间，没找准培训需求，为了培训而培训，与实务脱节；今天培训这个明天培训那个，把我们搞懵了，缺乏系统性的培训支持。

方向

企业组织如果没有开放、谦虚的学习心态和习惯，员工的脑袋空空，自然企业的钱袋空空。应围绕所提炼的组织核心能力要素去对组织进行深度挖掘和能力提升。毛泽东曾说过：政治路线确定之后，干部就是决定的因素。干部的思想观念、工作态度、方法策略，关系到事业的成败。加强学习势在必行，各级领导干部务必充分重视！可见学习有多么重要，构建学习改进型组织是多么重要！

方法

目前在企业中基本有三种培训模式：

(1) 赶鸭子上架：边学边干，在做中学，强调人才是“折腾”出来的。

(2) 专案式培养计划：加速培养，弥补人才需求缺口，在短期内有较强的针对性。

(3) 储备式供应计划：不断发掘高潜力人才，提前培养组织所需的关键人才。

其中，第三种培训模式效果好，虽然它的难度大、成本高、见效慢，但对于一个想要基业常青的组织，必须这么做。要实现第三种模式需要从以下四个方面认真思考。

1. 老板及高层领导的重视和参与

很多高层领导认为培训是人力资源部的事，很少、甚至几乎不花时间参与。我想倘若没有高层领导的重视与参与，培训的效果注定不大，人力资源部不仅白忙活，还落得个卖力不讨好。我认为高层领导至少要投入40%的时间参与人员培训。

2. 培训体系

没找准培训需求，为了培训而培训，造成培训与实务脱节，则培训效果肯定不好。

那么，培训需求到底从哪儿来？我建议从以下四点考虑。

1）战略培训

试想，如果连公司战略这个东西都没让员工明白，那么，何来的工作方向，何来的动力和激情？因此，我认为战略培训是培训的第一需求。

2）弥补考核发现的短板

绩效考核不做，或者考核诊断不清楚，从哪里发现经营管理过程中的短板呢？培训什么呢？岂不是无水之源？因此，考核发现的工作“短板”也是重要的培训需求。

3）职业成长的培训

有潜力有能力的员工，如果需要横向纵向发展，不做相关的过渡培训，人才能力如何提升？组织的整体能力如何提升？因此这个培训需求是不可少的。

4）在岗技能实际需要的培训

随着商业模式、战略及新技术、新管理的需要，如果不对员工及时培训，员工能更好地完成任务吗？没有先进科学的工作工具，何谈实现组织能力，何谈关注员工的成长呢？因此，员工在岗技能实际需要方面的培训也是非常必要的。

需求找到了，如何将这些培训需求在组织里实现呢？据实践研究，应该设立至少20门具体的培训课程。大企业可设置培训研究学院，培训体系就更庞大更系统了。前面说过，一个企业组织至少有人事、财务、研发、生产、供应、销售六大职能，每个职能如果分高、中、初级三个层次的话，就应该建立3×6=18门课程，再加上一个全员的职业化训练和制度培训，共19门课程，如果还要对企业的客户培训的话，总共需要设立20门课程。把培训需求有区别地放在这20门课程里，培训的内容和价值才能发挥作用。

在培训体系内容的建立过程中，要充分挖掘企业内部自身的智力资源，并有效地使用这些资源，重点应注意以下四点。

(1) 培训对象的选择：高业绩+高潜力的人。

(2) 培训老师的选择：最好是80%来自企业的高管，20%来自培训市场的顾问。因为在培训过程中，企业高管不但能起到传承业绩的作用，而且还能够达到间接选人的目的，何乐而不为呢?

(3) 培训方法：培训方法众多，但一定要采取"行动教学、案例体验式互动培训"，这样可以使员工学以致用。

(4) 每年要切实地投入培训资金成本：不投，哪里有赚啊，要搞清楚鸡和蛋的关系，只有经过培训的高素养核心员工，才能解开达成企业经营目标的"锁"。

3. 实践锻炼机会（课堂之外的"课堂"）

比如：交流轮岗，全员参与流程再造等方式。这样让人才在实践中充分得到洗礼。

4. 人才选拔机制、标准

要做好以上三点，前提是要有人才的考核标准和透明的流程，这样明码标价、名副其实的人才培养开发才能起到真正的作用，因为朽木是很难雕的。

总结：以上三大系统的建设要建立在人力资源相关法律和政策的基础上；如果按照此"道"进行组织系统建设，其价值将是不可估量的。

读书笔记

案例

（一）名企的用人之道

请思考：贵公司的用人之道、用人文化是什么呢？

微软：喜欢用聪明的人

聪明的人善于接受新事物，反应敏捷，能迅速进入新领域，并对其作出头头是道的解释，提出的问题往往一针见血，正中要害；能及时掌握所学知识，并博闻强识；能把原来认为互不相干的领域联系在一起并使问题得到解决。这就要求员工具有很强的自学能力，因此，微软并不在培训上大量投资，他们提倡用边干边学和言传身教的方式培训员工。

IBM：录用有观点的人

IBM的领导人说：最容易使人上当受骗的是那些言听计从、唯唯诺诺的人，我更欣赏那种虽然脾气不好，但敢于讲真话、实话的人。作为领导，你身边这样的人越多，成功的几率就越大。IBM很重视员工培训，注重人才培养、技能提升，为员工准备了最完备的案例和广阔的空间来实现员工的梦想。

西门子：注重实际能力

西门子考察员工要看他们是否具备17种能力，考察刚毕业的学生更是注重以下能力：学习能力、沟通能力、关注客户的能力、战略思维、结果导向能力、指导下属能力、环境适应能力、动手能力、团队合作能力。

联想集团：在赛马中识好马

为年轻人提供“赛场”（为人才提供合适的岗位）、“跑道”（必须引导有秩序的竞争）、制定比赛规则，建立一套科学的人才评价体系和激励机制。

万通实业：资本助人力资本

万通是一家实力较强的民营企业，有很强的资源整合能力，是资本运作的高手，其老板也是一位崇尚《道德经》的思想家，出版过很多书，讲过很多课。用人特点：有创新能力、思路开阔、有较强的执行力、能不断学习并和企业一起成长。

首创集团：用高学历、高素质的人才

因为是国企，首创集团在用人上带有政府的特色：重学历、重经验、对人才的考察期较长。

华远：用普通的人做一流的事

用普通人才做一流的事情，强调充分发挥员工的主观能动性，把事情做好就行。

案例笔记

（二）团队素质能力搭配：某公司团队配置出现的问题

请思考：

1. 团队素质能力搭配要注意什么？
2. 团队素质能力搭配和经营目标有什么密切关系？
3. 团队配置还有其他辅助的科学工具和方法吗？

公司背景介绍：上海某房地产公司是由两家集团共同投资组建的房地产项目开发公司，用地性质是住宅项目用地，项目共50多万平方米，计划4年内竣工交房。根据公司法规定，项目公司是由两家集团组建的董事会领导下的项目总经理负责制，公司管理制度和激励制度相对完善，团队关键岗位配置齐备。公司经过两年的运行，董事会对项目公司的业绩并不认可，工程质量、工程成本、工程进度、工程安全管理隐患等都出现了重大问题，项目投资损失严重。经董事会研究决定，必须花大力气对项目团队进行清查、盘点，以找出问题的根源并加以改进。

董事会授权执行董事赵总成立督察组对项目进行调研。经过半个月的调研，他发现管理团队虽然分工明确、流程标准清晰、各种会议制度完备，但是团队整体战斗力很差，沟通协作中相互不买账，导致管理形成一团乱麻，工作没有成效。经深入分析后发现项目公司的管理团队搭配出现了重大的问题，各关键岗位素质能力情况如下。

项目总经理丁总：清华大学建筑系毕业，知识理论比较丰富，对项目的设计和工程管理有很丰富的经验，但是缺乏营销策划经验，对市场的洞察力和敏感度不够，而且因其性格的原因，管理比较散漫、温和，连开会说话的声音都很小，大家开会都容易打瞌睡。

营销总监付总：只会说，不会做方案，推动执行力较差，缺乏对客户需求的数据调研和分析统计，甚至连已经开盘房屋的进、销、存情况都不能做到心中有数。

预算合约总监高总：有预算员资质，从事了十多年预算工作，对土建、电气、暖通预算都有一定经验，但对数据统计和分析能力较弱，B型血的他，做事不能守正出奇，在合约预算管理工作中，标准一个月被变化好几次，导致项目成本不清、不准。

工程管理总监赛总：工程管理经验丰富，性格刚硬，A型血人，工程协调中与总包、分包缺乏沟通，管理粗暴，爱喝酒，酒后控制能力较弱，与总包分包队伍人际关系较差，工作很难协调。

技术设计总监邢总：设计经验丰富，工作细致，但是与设计院对接工作成效低下。决断力弱，追求完美，典型的AB型性格。因为设计工作拖延，导致工期进度延误。

经过对以上几个关键管理人员素质能力的分析得出，管理团队的搭建和配置有重大缺陷。督察组的人力资源专家、团队熔炼专家建议项目管理团队需要重新配置。根据知识互补、能力互补、性格互补、年龄互补、资源互补的原则，对项目团队进行了调整。

项目总经理：在性格上，要求有魄力和开拓特质；在能力上，要求有系统的组织管理能力，有两个以上大型项目的实际成功操控经验，尤其是营销经验突出；在年龄上，要求40～55岁，精力充沛；在资源上，要有一定的筹融资渠道，有较好的房地产圈人脉关系和政府关系。

营销总监：在性格上，要有开拓性，对市场要有操控欲，最好是B型血；在能力上，要求会说、会写、会做，要有很强的市场洞察力和敏锐度，数据统计分析能力要强；在年龄上，要求28～40岁；在资源上，要有良好的媒体、广告资源及大客户资源。

预算合约总监：在性格上，要求谨慎、细致、性格执著，最好是A型血；在能力上，要求土建、电气、暖通预算经验全面，造价师资质。有较强的数据统计和分析能力，能与设计、工程、营销有密切的配合和沟通；在资源上，要求对国家工程定额清楚，有较好的采购合作单位。

工程管理总监：在性格上，要求细致、系统，最好是AB型血；在能力上，要求有3个以上大型工程实际成功操控经验，沟通能力较强；在年龄上，要求35～55岁，身体素质过硬；在资源上，要有良好的施工企业合作单位。

技术设计总监：在性格上，要求稳重、细致，最好是A型血；在能力上，要有扎实的设计理论知识，最好有设计院设计工作经验，沟通能力较强；在年龄上，要求30～50岁；在资源上，要有一定的设计院资源。

通过对以上关键骨干的素质能力分析，董事会对管理团队的配置进行了适当的调整，经过三个月的磨合，团队的整体战斗力和执行力有了显著的提升；项目的财务指标、重大运营指标、管理指标都有了明显的改善。在预计的时间内，按时、按质、按量、按成本收益较好地完成了此项目，给投资方提交了一份完美的答卷。

案例笔记

Chapter 06
第6章

组织保障

人力资源是组织建设的重要推手，如果不给予其组织保障支持，如果不给力人力资源工作，组织能力的建设一定没有成效！

因此，组织能力的建设、人力资源工作的局面要彻底翻身，不但需要给力人力资源工作，而且更重要的是最高执行官、直线管理者、人力资源部三个角色要共同承诺和努力！

组织保障之角色分工

企业的成功是战略和执行的高度统一，一个都不能错，二者是乘法关系，而不是加法关系，如图15所示。

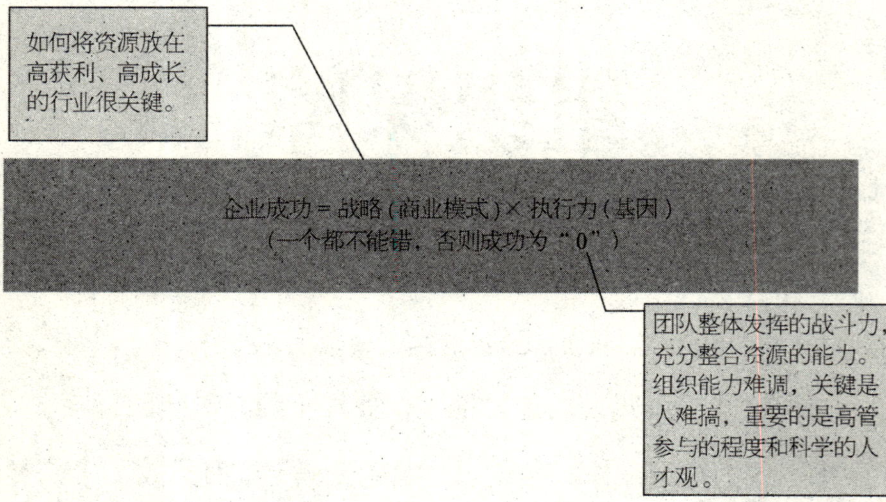

图15

由上图可看出组织执行力的建设至关重要，前面几章已谈到过。但是组织执行力的建设仅靠人力资源这个推手是不够的，否则他就是总裁或老板了。很多老板和业务老总将组织建设的责任理解为是人力资源部的事，跟自己没关系，这是极大的错误，因为组织执行力的建设必须受到老板或业务老总的高度重视和大量的资源调动。因此，组织执行力的建设、人力资源工作的局面要彻底翻身，需要三个角色的共同承诺和努力！否则白搭。三个角色的关系和分工如图16所示。

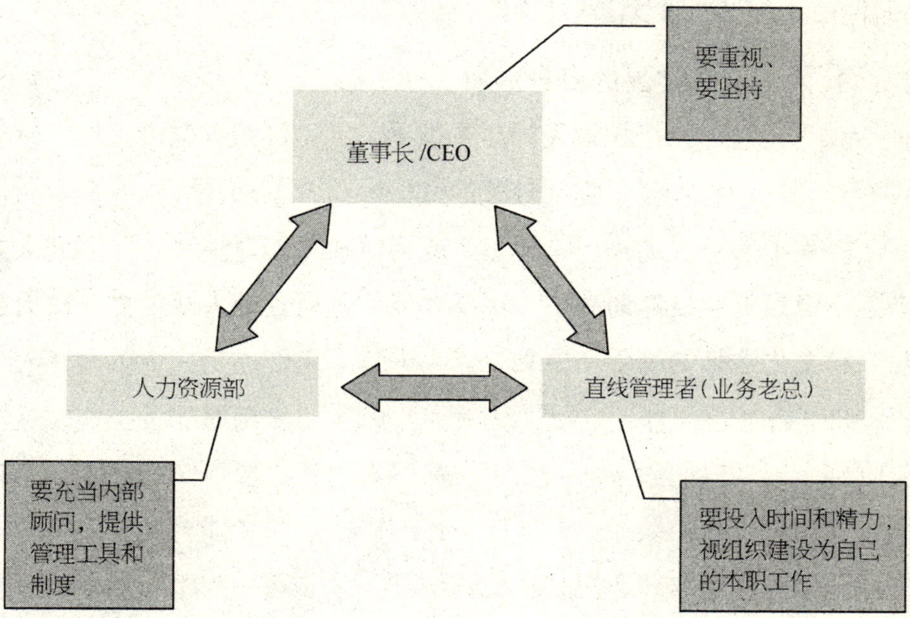
要重视、
要坚持
董事长/CEO
人力资源部
直线管理者（业务老总）
要充当内部顾问，提供管理工具和制度
要投入时间和精力，视组织建设为自己的本职工作

图16

读书笔记

如何给力人力资源工作

1. 人力老总过硬的自身素质

人力老总作为组织建设的重要推手，要做好组织建设工作，必须要有过硬的自身本领，包括较宽的知识经验背景和较强的综合素质功底。阎锡山曾经说过：“军事不如政治，政治不如主义。”因此**人力老总不但是专业技能的高手（军事才能），而且是人际能力（政治智慧）和文化造势的高手（主义）**。人力资源工作的功夫更多地在人力资源外。在实际工作中，要用营销策划的手法做组织建设工作，这样会收到事半功倍的效果。人力老总最好有财务、经济知识背景，有市场、经营管理的实战经验，只有具备这样的素质和能力，才能将人力资源工作充分地与商业模式和战略结合，才能真正为组织能力建设贡献价值。

2. 人力老总需要改变观念

1）要有商业头脑，理解公司商业模式

公司的核心客户在哪里？我们和客户交谈过吗？他们面临的挑战是什么？公司的竞争对手是谁？他们哪些地方做得不错，哪些地方做得不行？为了赢得客户和击败对手，我们哪些地方做得好，哪些地方还不行？人力工作者如果不清楚这些商业问题，怎么去进行组织变革，怎么去优化和调整组织能力，怎么提升员工的素质并满足客户的需求呢？

2）不要重过程，轻价值

我们不但要知道为什么做、怎么做，更重要的是要取得实际的价值成果。

3）不要重规章，轻变通

不要力求标准化和一致性，要有勇气打破陈旧的规章制度，对于不同层面、不同类别的员工需求，要设计个性化的解决方案。

4）要与老板讨论清楚对人力资源的定位

见本书第1章的内容。如果不做思维上的改变并取得实际价值成果，则人力资源工作对业务部门毫无帮助和价值可言，会被认为是在添乱。久而久之大家都会讨厌人力资源部，讨厌人力工作者。不信，请去验证吧。

3. 人力老总岗位设置的原则

组织建设工作为了与商业模式和日常经营动态紧密互动，人力老总的岗位最好设置在老板（或总裁）之下，中间不能有断层。这样可减少信息衰减，除非公司对人力资源工作的理解为一般的行政后勤工作。通用电器原董事长兼CEO杰克·韦尔奇主张，**人力负责人应该是任何组织中的第二号重要人物，可是经过他巡回演讲和调查，只有大约1%的公司做到了**。可见，如果老板对人力工作不重视，组织建设工作没有取得预期效果，责任也不能全推到人力资源部。

4. 必须参加经营分析会

公司的重大决策和日常经营过程中的关键决策，必须经过人力老总的参与，如果对业务载体的动态信息不能在第一时间掌握和参与，如何调整和优化组织呢？尤其是高层的人力老总、财务老总和业务老总的信息必须共享，三个角色在经营管理过程中应该融为一体，只有信息共享了，对人、财、业务的决策才是最佳决策。因此，老板（或总裁）要吸纳人力老总为经营管理委员会的重要成员，定期参与、分享重大的经营分析会，否则组织能力的建设工作只能是闭门造车，尽管人力工作者有百般武艺，也注定没多大出息。

5. 人力资源工作的深度和宽度

这个问题如果处理不好，容易“侵犯”组织里其他职能的利益和面子，工作很难开展。因此，工作到底要做到什么样的深度和宽度是一门学问，也是与老板和业务老总共同商榷的事，笔者认为，唯一的办法是：根据组织的具体情况，与老板和业务老总，你一拍，我一拍，保持频率一致即可。

读书笔记

Chapter 第7章 07

如何评价HR工作价值产出

对人力资源这个角色，如果定位不对，给力不好，对人力资源项目的价值不进行计量和评价，那么就会使其成为一个比较尴尬的角色，从而导致工作费力不讨好，甚至使人力资源工作失去组织的信任。如何衡量HR工作价值产出呢？本章将想从两个方面探讨。

“面子”工作

根据经营目标和阶段性的重要工作，梳理出核心关键岗位，考核关键岗位的齐备率、绩效达标率及任留率，即**考核关键岗位齐不齐、好不好、留不留得住**。

具体可以从人力资源的数量、质量、结构进行分析，可用以下基本指标进行检测。

(1) 性别、年龄、学历结构、职称（职业资格证书）、行业工作经验年限、专业、职位层次等结构方面。

(2) 缺勤率：因公缺勤、因私缺勤、旷工缺勤、事假缺勤、工伤缺勤、病假缺勤。

(3) 流动率：辞退率和辞职率（员工主动）、病休率、伤休率、退休率。

(4) 满意度、健康状况等。

“里子”工作

组织建设最终会落实到人力资源的开发和产出，因此要考察组织单元的绩效和潜力，也要考察人均劳动生产率，总之，**要考察个人的工作效率、组织的经济效益及组织的远期效能**。只有这样才能真正计量和评价组织的投资回报率。

可以以三大传统指标进行检测：人均销售额、人均利润、人均经济增加值。更科学的办法是要研究每个人力资源项目的投资回报率（净收益/成本），特别是无形收益的货币价值。

案例

人力资源项目价值评估：某电工企业培训项目

项目背景:北京某电工企业是一家全国性的公司，从事开关插座、低压电气、综合布线产品生产与销售，在过去的两个季度里销售额快速下滑，而且这种趋势还会继续下去。

经分析，市场的竞争增强和客户关系质量的下降是经营业绩下滑的主要原因。公司决定拿出一定的培训资金对销售经理和销售代表进行培训，以提升客户关系的维护和销售技能。

公司抽调集团人力资源部培训经理、销售副总经理、咨询专家组成培训项目小组，负责此项目的实施和评估。

1）培训方案的设计和实施

由于销售经理和销售代表分布于全国各地，集中培训有一定困难，项目小组决定通过网上远程学习和定期全国视频集中学习的方式进行培训，并开发了相关课程，包括大客户的开拓技巧、产品的定价方法、合同的签订技巧、如何做有尊严的销售等课程。

2）评估方法和数据分析

进行了为期6个月的培训后，公司从以下几个层次对项目进行了评估分析。

评估层次	评估目标	评价内容	数据收集方式	数据来源	时间
第一层次：反应和满意度	项目的用途及适应性	受训者的支持与态度	问卷	受训学员	课程及项目结束时
第二层次：学习效果	课程设置效果	通过学习找到技能差距	跟踪调查	受训学员	培训前、课程结束时
第三层次：工作运用	技能实效的转换	工作目标是否达到	跟踪问卷	销售经理	每半个月一次

续表

评估层次	评估目标	评价内容	数据收集方式	数据来源	时间
第四层次：对经营的影响	合同增加数、收款率、客户的满意度	合同增加数、收款率、客户的满意度	业绩监控、客户调查	销售成绩记录	每半个月一次
第五层次：投资回报	回报率不少于20%				

3) 成本和收益计算

经过半年的项目实施，成本共60万元（包括开发费用、评估费用、专家费、课程及设备费用等），销售收入为180万元。其投资回报率为：

（180−60）/60=200%

同时项目实施后，增加了很多无形收益，比如：员工对公司的认同感增强、人员流失率减少、客户满意度增加、员工工作满意度增加等。

案例笔记

Chapter 08
第8章

尾声：浅谈民营企业人力资源工作

改革开放30多年来，民营企业为国家的经济发展和就业作出了重大贡献。在各行业中，发展得好的民营企业并不多，大多数民营企业都还处于经营艰难时期，究其原因，抛开国家政策方面的限制与支持不谈，关键是组织能力出了问题。在这一章中将对民营企业的人力资源工作进行简单的探讨。

首先，先来看看民营企业在发展中的四个阶段，详见图17，民营企业关键要突破组织建设这个鬼门关。民营企业的组织能力建设关键在于老板，关键是老板对经营企业的看法和追求。因此，**组织能力建设的好坏，可以说是"成也萧何，败也萧何"**。摆在民企老板面前关键的问题是如何经营组织，如何经营人才，如何搞定人，如何平衡元老和新鲜血液的关系。目前，大多民营企业还处在资源变现型阶段，还没有真正过渡到核心组织能力和核心竞争阶段；还是个人英雄式企业，而不是组织机制式企业。

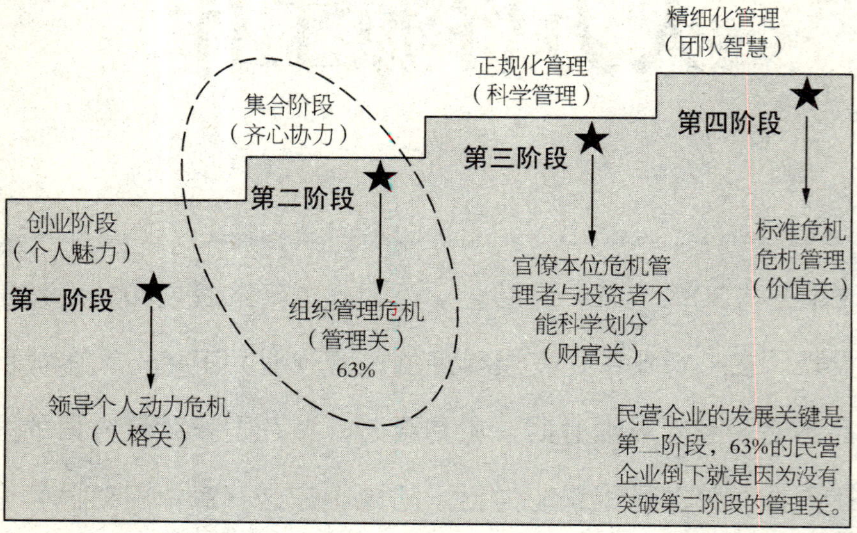

图17

分析其原因，一是由其性格决定的，二是由资本的力量（大多民营企业家由自已一人控制100%股权）决定的，三是由其对经营企业的追求和意义决定的。

民企老板的性格主要分为两类：一类是严厉有余，鼓励不足，压抑人性；另一类是严厉不足，鼓励有余，滥施仁慈。

第一类民企老板：因为对早期创业的自信，认为90%的生产力是自己创造的；从资源到业务都是自己最行，其他人都成为了他的助理；公司内部办事不按章法（即使有规章制度）。

第二类民企老板：从自己以前打工和创业的经历来看，认为大家都不容易，有一碗饭吃就行了，这样导致管理力度不够，公司拖着走即可。

不管哪种类型的民企老板，管理既有科学的一面又有艺术的一面，很难说对与错。要经营好组织，姑且不谈老板的梦想和社会责任，其“性格特质”和“职责”这两个问题至关重要。

经世界500强总裁性格透析，作为老板的性格一定要有一定的情感强度。

很多组织没有经营好，很大问题是老板在破坏规矩，做事随意、无序、不讲原则。本该他干的不干，不该他干的无原则地插手，导致组织秩序紊乱。作为一个具有一定规模的公司，笔者认为作为老板应该适当放手，把精力和时间放在以下四个方面。

（1）商业模式的研究和优化。

（2）整合外围资源，支撑商业模式更好实现。

（3）搭建关键骨干平台，但不能在台上去唱戏，否则下面的人没事干也无法干。

（4）塑造良好的公司政治（企业文化），造势、造组织能量。营造一种不达目标不罢休的氛围和能量磁场。

由韩非子所说“下君尽己之力，中君尽人之力，上君尽人之智！”可见对老板角色的定位和工作策略。2010年中央下发的《国家中长期人才发展规划纲要（2010—2020年）》中强调，要培养战略型企业家，也可看出企业家转型为职业企业家的紧迫性。

老板的职能要有所转变，必须解开其心结。

1. 赶不走、引不进

赶不走“负债型”的员工，引不进“资产型”的员工。认为某些中高层虽然不行，但又不能换，怕引进来的人还不如现有的人，因此没有“活水”进来，这样后继无人，心态输了（受制于人，没底气）。

2. 用不好

不敢授权，不敢重用有能力的人。担心他有野心，引起地震，实际经营控制权落在职业经理人手里。这样虽有名义上的民主决策，但实际上是自己决策。决策完了，如果对自己的执行又不自信，担心授权下去搞砸了，只有拽在手里自己去干。最后不但自己分身无数，而且还用不好职业经理人。

3. 留不住

不敢给股权、分股份。担心经理人的职业道德风险，担心职场诱惑、浮躁走人。

结论：民营企业的组织建设工作和人力资源工作不容易做，做好更难，除非老板的性格和职责有所解放。

呼吁：理解从事组织建设、人力资源工作的经理人吧，他们作为组织建设的推手，更需要老板和业务老总的理解与配合，只有老板、业务老总、人力资源工作者三者共同承诺，踏实而伟大的公司才能真正迎来开阔的明天！

后记

此书的创作几乎是一气呵成，虽然每天连续写七、八个小时，但是我不觉得辛苦，反而内心感到无比幸福。因为，我深感国家经济的发展要靠优秀的企业支撑，优秀的企业要靠优秀的组织和人才支撑。现代商业组织，不缺乏好的项目和资金，而真正缺乏的是优秀的组织和人才。然而，如何经营组织，如何经营人才，又是老板、直线领导、人力资源工作者最头疼最“窝火”的事情。所以，只想总结自己对经营组织的看法，期望能对企业管理者有所帮助和启发。观点如有不妥之处，还请读者给予批评和指正。

在本书的出版过程中，我得到了很多朋友和专业人士的热情支持，其中海洋出版社的魏京华编辑给予了我许多宝贵的建议，她严谨专业的职业素养和敬业精神让我感动，在此一并表示感谢。